Véronique Witzigmann

Meine Marmeladen,

Chutneys & Co.

ZABERT SANDMANN

GRANDAUER
GRAFING

Mama Lade
oder die süße Karriere der Véronique Witzigmann

Eigentlich mag ich keine Marmelade. Das kommt daher, weil ich kein Obst mag. Doch dann kam der Tag, an dem mich die Marmeladenfee Véronique Witzigmann höchstpersönlich bat, das Vorwort zu diesem Buch zu verfassen. Ohne nachzudenken, sagte ich sofort zu, da man Feen im Allgemeinen keine Wünsche abschlagen sollte. Das mögen sie nicht. Schon gleich gar nicht, wenn es sich dabei um die eigene geliebte Schwester handelt. Was mir allerdings erst im Nachhinein bewusst wurde: Um etwas Vernünftiges über Véroniques sagenhaft fruchtige Brotaufstriche schreiben zu können, würde ich wohl oder übel in den sauren Apfel beißen und für den süßen Marmeladenlöffel meine Lippen öffnen müssen.

Süße (Sehn)Süchte

Obwohl es in diesem Buch um Marmeladen, Konfitüren, Gelees, Chutneys, Kompotte, Eingelegtes und Säfte geht, sind es vor allem die sogenannten Fruchtaufstriche, die es Véronique besonders angetan haben. »Ich ernähre mich von Marmelade«, gestand sie mir einmal lächelnd. »Deshalb habe ich auch immer ein Glas von meiner eigenen in der Handtasche dabei.« Das stimmt. Ich konnte mich davon selbst überzeugen. Als wir uns das letzte Mal zum Frühstück in einem Café am Englischen Garten in München trafen, holte sie doch tatsächlich ein Glas »Véronique Witzigmann Buffet – Erdbeer/Rhabarber« unter dem Tisch hervor, um sich damit heimlich ein Croissant zu bestreichen. Ich konnte es nicht glauben: Meine Schwester ist ein Marmeladen-Junkie!

Den Grundstein für diese grenzenlose Passion für eingekochte Früchte legte einst unsere Oma Maria Witzigmann, die selbst eine leidenschaftliche Köchin war und somit schon ihren Sohn Eckart bei der Berufswahl entscheidend inspirierte.

Verbotene Äpfel

Véronique war sechs Jahre alt, als sie mit ihrer Großmutter in den Gasteiner Bergen zum ersten Mal Schwarzbeeren »brockte« – was so viel wie pflücken bedeutet – und anschließend einkochte. Ungefähr zwei Jahre später streifte Véronique durch den Wienerwald – gemeint ist natürlich nicht die Brathuhn-Restaurantkette, sondern das gleichnamige Naherholungsgebiet der österreichischen Hauptstädter. Hier hatten unsere Tante Susi und unser Onkel Erwin ein Ferienhäuschen in einer Art Schrebergartensiedlung. Um die beiden mit einer selbst gemachten Marmelade zu überraschen, beging Véronique ihr erstes Verbrechen.
Mit Plastiktüten bewaffnet, kletterte sie über die Zäune der Nachbargärten und klaute Äpfel. Das Diebesgut verkochte die kleine Obstganovin mit Zucker und Zimt zu Marmelade. Da sie kein Rezept zur Hand hatte, dachte sie an die Gasteiner Schwarzbeermarmelade und kochte einfach nach Gefühl. Das Ergebnis muss umwerfend gewesen sein. So eine Apfelmarmelade hatten Tante Susi und Onkel Erwin noch nie gegessen. Ihre Geschmacksnerven müssen Karussell und Achterbahn zugleich gefahren sein. Denn Véro hatte es mit dem Zimt viel zu gut gemeint, sodass der Brotaufstrich ausschließlich nach dem orientalischen Gewürz schmeckte.

Home, sweet home

29 Jahre später kocht Véronique wieder Apfelmarmelade. Diesmal allerdings nicht für Tante Susi oder Onkel Erwin, sondern für mich. Ich sitze in der Küche der Schwabinger Altbauwohnung, in der wir fast unsere gesamte Kindheit und Jugendzeit verbracht haben. Mittlerweile komponiert hier meine Schwester ihre marmeladigen Kreationen zur Musik von Mozart, Cat Stevens oder Barbra Streisand, bevor die besonders geglückten Ergebnisse in Produktion gehen. Die Einrichtung ist noch so gut wie original. Die moosgrüne Einbauküche »Smörebröd« mit rustikalen Türen aus Fichtenholz haben sich unsere Eltern in den späten 70ern des vergangenen Jahrhunderts in einem schwedischen Möbelhaus gekauft. Doch die Zeit und die Schwerkraft fordern ihren Tribut. Erst vor wenigen Tagen verabschiedete sich die Schranktür, hinter der Véronique all die exotischen Gewürze aufbewahrt, die sie zum Ausprobieren ihrer Rezeptideen benötigt, und krachte in das sich darunter befindliche Spülbecken. »Mein größter Traum wäre eine neue Küche«, sagt Véronique, während sie die Äpfel für die Marmelade schält und in kleine Stücke schneidet. Ich nehme einen Schluck Kaffee aus der blau emaillierten Tasse mit dem weißen Teekannenmuster, die ursprünglich einmal unserer Oma Maria gehörte. Kindheitserinnerungen werden wach. In dieser Küche saß unsere Familie auch jeden Sonntag zusammen und frühstückte Croissants mit Aprikosenmarmelade – d.h. nur meine Schwester, unsere Mutter und unser Vater. Ich bevorzugte es wegen meiner Fruchtfurcht, das Hörnchen einfach nur mit Butter zu genießen. Als Véronique mit dem frischen Orangensaft die Apfelstücke in der Kupferkasserolle ablöscht, in der schon unsere Mutter für uns kochte, und den Gelierzucker hinzugibt, wird mir klar: In wenigen Minuten geht's für mich ans Eingemachte. Dann muss ich über den größten Schatten meines Lebens springen und Marmelade essen. Zum Glück ist Véronique dieses störrische Verhalten nicht ganz unbekannt. Denn hätte sie ihre eigene Tochter Marietta vor fünf Jahren mit ihrer Abneigung gegen Früchte nicht zur Weißglut getrieben, wären ihre Firma und somit dieses Buch nie entstanden.

Kleines Früchtchen, große Wirkung

Marietta aß nämlich kein Obst – nicht einmal in Form von herkömmlicher Marmelade: Denn die Stückchen darin schmeckten ihr nicht. Das kann ich ihr nicht verübeln. Also kam Véronique auf die Idee, Früchte einzukochen, damit ihr Früchtchen trotzdem in den gesunden Genuss von Obst kommt. Die meisten Konfitüren werden mit viel zu viel Zucker und zu wenig Obst hergestellt. »Ich wollte für sie einen feinen Brotaufstrich machen, der fruchtig schmeckt und wenig Zucker enthält«,

betont Véro, die schon immer sehr gesundheitsbewusst war. Also kochte sie die ersten Sorten mit einem sehr hohen Fruchtanteil und einem Minimum an Zucker ein. Blieb nur noch die Sache mit den Stückchen. Aber auch hierfür fand Véronique eine Lösung: Sie pürierte die Früchte einfach. Für ihr Engagement wurde sie von ihrer Tochter prompt belohnt. Die selbst gemachte Marmelade schmeckte ihr so gut, dass sie davon bis heute nicht genug kriegen kann, und wenn Marietta groß ist, weiß sie auch schon, was sie werden will: »Marmeladenfee. So wie meine Mama.«

Fruchtalarm bei Witzigmanns

Durch die begeisterte Reaktion ihrer Tochter motiviert, probierte sie viele verschiedene Sorten Marmelade aus. Kein Obst war mehr vor ihr sicher. Was nicht bei drei auf den Bäumen war, wurde gnadenlos eingekocht. Fruchtalarm bei Witzigmanns. Irgendwann fing sie an, ihre Marmeladen im Freundeskreis als Mitbringsel zu verschenken. Auch hier war das Echo groß, und ein Freund machte ihr ein folgenschweres Kompliment: »Deine Marmeladen sind so gut. Die würde ich sogar kaufen.« Das Interessante am Werdegang meiner Schwester ist, dass sie eigentlich nie Köchin werden wollte. Ausschlaggebend waren u. a. auch mangelnder Sex-Appeal in deutschen Küchen, der erst jetzt in Zeiten von Jamie Oliver & Co. langsam Einzug hält. So ist es auch nicht verwunderlich, dass der erste Berufswunsch der kleinen Véronique damals in eine völlig andere Richtung ging. Sie wollte Stewardess werden – der gut aussehenden Kollegen wegen. Doch als sie älter wurde, verwarf sie diesen Plan wieder. Bei ihrer späteren Tätigkeit als Event-Managerin für einen überregionalen Radiosender bewies sie ihre organisatorischen Fähigkeiten. Rückblickend kann man also sagen, dass sie schon immer eine geschäftsorientierte kreative Ader hatte, die stets den Dialog suchte, aber nie die richtige Ausdrucksform fand. Und wäre nicht das zweijährige Intermezzo als »Tochter für alles« im Restaurant Aubergine gewesen, in dem unser Vater einst seinem kulinarischen Schaffen die Krone aufsetzte, so hätte ihr jeder das Desinteresse an der Gastronomie abgenommen. So landete sie aber schließlich über ihren Job als Mama dort, wo sie nie hinwollte: in der Küche.

Liebe, Sorgfalt, Qualität

Im Jahre 2004 fasste Véronique den Entschluss, ihre kochende Leidenschaft in ernsthafte Bahnen zu lenken und ihre Produkte auf Großveranstaltungen einem breiteren Publikum zu präsentieren. Nachdem sie auf der Münchner Heim- und Handwerksmesse wider Erwarten bereits am ersten Tag alle Gläser ihrer Kreationen »Banane/Spekulatius«,

»Cranberry/Aprikose« sowie »Weihnachtskonfitüre« verkauft hatte, wusste sie, die Zeit ist reif für eine eigene Firma. Sie brauchte dringend professionelle Hilfe, um der großen Nachfrage und den hohen Qualitätsstandards des Gesundheitsamtes weiterhin gerecht zu werden. Ihr Anfangsmodell der One-Woman-Show (um fünf Uhr morgens aufstehen, Ware einkaufen, Marmelade kochen, Ware ausliefern und 20 Stunden später wieder ins Bett gehen) zeigte ihr bald Grenzen auf. Außerdem hat sie ja so ganz nebenbei noch einen Job als allein erziehende Mutter. So entstand im darauf folgenden Jahr Véroniques kleine, aber feine Marmeladenmanufaktur namens »Véronique Witzigmann Buffet«. Neben den Brotaufstrichen erweiterte sie ihr Sortiment um selbst gemachte Chutneys und ausgefallene Pesto-Sorten wie z.B. »Rucola/Walnuss«.

Fruchtbares Experiment

Mittlerweile sind ihre Kreationen von Sylt bis Wien erhältlich. Ohne dabei die vielen helfenden Hände zu vergessen, hat Véronique in erster Linie diesen Erfolg sich selbst zu verdanken. Ohne ihre unermüdliche Kreativität und den grenzenlosen Ehrgeiz wäre sie nie so weit gekommen. Auch wenn es meiner Schwester vielleicht nicht so bewusst ist, hat sie mehr Gemeinsamkeiten mit unserem Vater als Nachname und Sternzeichen. Schon ihr Faible für hochwertige Produkte ist eine klare Parallele zum Jahrhundertkoch, dessen Credo lautet: »Das Produkt ist der Star.« Wie er schlendert sie gern über den Münchner Viktualienmarkt, um sich von dem Angebot inspirieren zu lassen. Und genau wie er ist sie ein rastloser Geist mit dem Hang zur Perfektion, stets auf der Suche nach neuen Abenteuern im schier grenzenlosen Universum des Geschmacks. Allerdings muss man manchmal aufpassen. Denn wenn sie gerade in einem kreativen Prozess steckt, sollte man sie nicht stören. Da versteht sie keinen Spaß, obwohl sie Witzigmann heißt.

Nun ist aber auch für mich Schluss mit lustig. Denn Véros Apfelmarmelade ist mittlerweile fertig. Zögerlich nehme ich einen Löffel davon und führe ihn zum Mund. Die noch warme, duftende Marmelade gleitet über meine Zunge. Es schmeckt wunderbar. Noch während ich nach einem Begriff suche, der dieser herrlichen Marmelade gerecht werden könnte, kommt meine Nichte Marietta in die Küche: »Mmh, das riecht aber gut«, sagt sie und taucht den Finger in die Marmelade. »Lecker!«

Besser hätte ich es auch nicht formulieren können. Und so hat Véronique nach ihrer Tochter letztlich auch bei mir die Begeisterung für Obst geweckt. In Zukunft gibt es bei mir daheim auch Marmelade. Aber nur von meiner Schwester Véro oder wie ich sie nenne: Mama Lade.

Max Witzigmann

Einmachen

leicht gemacht

Tipps für den Einkauf

Der erste und wichtigste Schritt für das Selbermachen von Marmeladen, Konfitüren & Co. ist, dass Sie ausschließlich qualitativ gutes und reifes (kein überreifes) Obst verwenden. Denn je aromatischer die Früchte sind, umso intensiver ist später der Fruchtgeschmack des Einkochgutes. »Überfälliges« Obst noch als Konfitüre oder Marmelade zu verarbeiten ist nicht zu empfehlen, denn diese Früchte haben bereits an Aroma, Geschmack, Vitaminen und Nährstoffen verloren. Beim Einkochen sollten Sie darauf achten, dass auch andere Zutaten, die verwendet werden, wie Gewürze, Kräuter und Öle, von guter Qualität sind. Besonders Essig von minderwertiger Qualität kann den Geschmack und das Aroma von beispielsweise Chutneys negativ beeinflussen (z. B. stechender Geschmack).

Kaufen Sie Obst und Gemüse am besten auf dem Wochenmarkt oder beim Gemüsehändler Ihres Vertrauens. Greifen Sie dabei vorwiegend auf Produkte zurück, die gerade Saison haben, sie sind frischer und günstiger als Importware. Auf Obst und Gemüse, das lange Transportwege hinter sich hat, sollten Sie möglichst verzichten. Denn auch hier sind Aroma- und Nährstoffverluste oftmals schon weit fortgeschritten (siehe Saisonkalender Seite 15).

Eine prima Alternative

Obst und Gemüse sollten nach dem Einkauf bald verarbeitet werden. Ist dies einmal nicht möglich: Waschen, putzen, entkernen und wiegen Sie die Früchte, und geben Sie sie (ungezuckert) in einen Gefrierbeutel. Auf dem Beutel Datum und genaues Gewicht der Früchte vermerken, den Beutel verschließen und einfrieren. Die Früchte können Sie dann zu einem späteren Zeitpunkt langsam im Kühlschrank auftauen lassen und wie gewohnt verarbeiten. Tiefgefrorene Früchte können bei richtiger Lagerung mindestens sechs Monate aufbewahrt werden. Die Früchte dabei immer pur und ohne Zucker einfrieren.

Nicht alle Früchte sind allerdings zum Einfrieren geeignet. Das gilt z. B. für Bananen oder Mandarinen, die dabei viel an Geschmack verlieren. Gut verwendbar als Tiefkühlware sind Himbeeren, Kirschen, Heidelbeeren oder Brombeeren. Für meine Rezepte können Sie auch ohne Weiteres gekaufte tiefgekühlte Früchte verwenden. Bei der Vorbereitung die Früchte im gefrorenen Zustand wiegen. Einige Gemüsesorten wie Karotten und Kürbis lassen sich ebenfalls gut einfrieren und können nach dem Auftauen ohne Probleme verarbeitet werden.

Am besten Bio

Falls Sie gern Gelee essen und zubereiten wollen, Ihnen aber das Entsaften zu mühevoll ist, kaufen Sie im Bio-Laden oder Reformhaus einen hochwertigen ungesüßten Fruchtsaft und verarbeiten ihn je nach Rezept weiter.

Auch bei Zitronen und Orangen lohnt sich der Gang zum Bio-Laden, gerade wenn Sie die Schalen mitverwenden möchten. Echte Bio-Früchte sind komplett unbehandelt, und Sie können sicher sein, dass keine Pestizidrückstände im Fruchtfleisch oder auf den Schalen vorhanden sind.

Hauptangebotsmonate für heimisches Obst und Gemüse

	Jan.	Feb.	März	April	Mai	Juni	Juli	Aug.	Sept.	Okt.	Nov.	Dez.
Aprikosen						x	x	x				
Äpfel									x	x		
Auberginen						x	x	x	x	x		
Birnen								x	x	x		
Brombeeren							x	x	x			
Erdbeeren						x	x					
Fenchel							x	x	x	x	x	
Heidelbeeren							x	x	x			
Himbeeren						x	x	x				
Holunderbeeren									x	x	x	
Johannisbeeren						x	x	x				
Kürbis									x			
Möhren	x	x	x	x	x	x	x	x	x	x	x	x
Pfirsiche							x	x	x			
Preiselbeeren									x	x		
Quitten										x		
Rhabarber				x	x	x						
Rote Bete	x	x	x	x	x	x	x	x	x	x	x	x
Sauerkirschen							x	x				
Stachelbeeren						x	x	x				
Süßkirschen						x	x					
Tomaten							x	x	x	x		
Zucchini						x	x	x	x	x		
Zwetschgen							x	x	x			

Hauptangebotsmonate für exotisches Obst

	Jan.	Feb.	März	April	Mai	Juni	Juli	Aug.	Sept.	Okt.	Nov.	Dez.
Ananas	x	x	x	x								
Bananen	x	x	x	x	x	x	x	x	x	x	x	x
Feigen								x	x	x		
Kapstachelbeeren	x	x	x	x	x	x						x
Kiwis	x	x	x	x	x	x	x	x	x	x	x	x
Mangos				x	x	x						
Orangen	x	x	x									
Pomeranzen	x	x										
Zitronen	x	x	x	x	x	x	x	x	x	x	x	x

Das Wichtigste beim Einkochen

Pektin

Zum Gelieren und Andicken von Marmeladen, Konfitüren und Gelees eignet sich am besten Pektin. Das ist ein natürlicher Ballaststoff, der in Obst vorkommt. Das im Gelierzucker oder -pulver enthaltene Pektin stammt in seiner ursprünglichen Form meist von Äpfeln. Sie weisen einen hohen Gehalt an Pektin auf. Pektin verliert seine Wirkung, wenn es zu lange gekocht wird, das bedeutet, dass Marmelade etc. nicht mehr fest wird. Beachten Sie aus diesem Grund immer genau die Packungsanweisung.
Wenn Sie Gelee zubereiten, können Sie auch einige noch nicht ganz reife Früchte mitverwenden. Der Pektingehalt ist in unreifen Früchten höher als in reifen und trägt damit zur besseren Gelierung bei.
Überreife Früchte bauen ihr zelleigenes Pektin wieder ab und sind daher nicht ideal zum Einkochen. Tiefgekühlte Früchte enthalten weniger Pektin als frisches Obst. Der Pektingehalt von Früchten variiert stark je nach Sorte:

Pektingehalt

Gering:	Erdbeere, Himbeere, Holunderbeere, Kirsche, Kiwi, Rhabarber, Zwetschge
Mittel:	Aprikose, Birne, Brombeere, Mirabelle, Pfirsich, Weintraube
Hoch:	Apfel, Heidelbeere, Johannisbeere, Preiselbeere, Quitte, Stachelbeere, Zitrusfrüchte

Um das fruchteigene Pektin optimal nutzen zu können, schneiden Sie das Obst beim Einkochen von Marmeladen und Konfitüren in kleine Stücke und mischen es mit der entsprechenden Zuckermenge. Lassen Sie die Fruchtmasse etwas ziehen, dadurch tritt das Pektin aus den Früchten aus und trägt so zur besseren Verarbeitung bei. Gemüse hat je nach Sorte kein bzw. wenig natürliches Pektin, d.h., es geliert ohne Zusätze schlecht oder gar nicht. Es empfiehlt sich daher, diese Sorten in Kombinationen mit Früchten einzukochen, die einen hohen Pektingehalt aufweisen (siehe links).
Wenn Sie Ihre Marmeladen mit Alkohol verfeinern, geben Sie diesen immer erst gegen Ende der Kochzeit dazu und dann höchstens 2 EL. Denn Alkohol zerstört das Pektin, und die Marmelade geliert möglicherweise nicht. Wenn Sie Likör o.Ä. bei der Zubereitung verarbeiten, gibt es zwei Möglichkeiten: Während der Kochzeit hinzufügen, so verdampft der Alkohol, und nur der Geschmack bleibt erhalten und »untermalt« das Eingekochte. Oder erst nach dem Pürieren der Früchte hinzufügen, kurz bevor sie in Gläser gefüllt werden.
Statt Pektin können Sie als Geliermittel ebensogut Agar-Agar (ein Pulver aus Meeresalgen) oder aber Johannisbrotkernmehl (aus den Samen der Frucht des Johannisbrotbaums) verwenden. Mit diesen Zusätzen können Sie den Zuckergehalt und die Zuckerart (z.B. Fruchtzucker) der Marmeladen selbst bestimmen. Halten Sie sich dabei immer genau an die Packungsanweisung des jeweiligen Produkts.

Zucker

Zucker wird zur Konservierung des Einkochgutes benötigt. Früher kochte man Marmeladen im Verhältnis 1:1 ein, d.h. Früchte und Zucker zu gleichen Teilen. Marmeladen und Kompotte mussten über einen langen Zeitraum (oftmals über ein Jahr) konserviert werden. Je weniger Zucker enthalten ist, umso kürzer ist die Haltbarkeit.

Gelierzucker

Beim Gelierzucker ist dem Zucker das Geliermittel bereits zugesetzt. Damit wird die Einkochzeit verkürzt. Im Handel erhält man verschiedene Arten von Gelierzucker: Gelierzucker 1:1 (1 kg Frucht zu 1 kg Zucker), Gelierzucker 2:1 (1 kg Frucht zu 500 g Zucker) und Gelierzucker 3:1 (1,5 kg Frucht zu 500 g Zucker), mit denen man Früchte auch mit weniger Zucker einkochen kann.
Gelierzucker besteht aus Zuckerraffinade, die mit Obstpektinen (z.B. Apfelpektin) und Zitronensäure (oder Weinsäure) angereichert ist. Pektin lagert sich gelegentlich am Tütenboden ab. Wenn Sie weniger Fruchtmasse einkochen möchten, als auf dem Beutelinhalt angegeben ist, leeren Sie den gesamten Inhalt des Gelierzuckers in eine Schüssel, und mischen Sie alles sorgfältig. Auf diese Weise werden Zucker und Pektin wieder gut verteilt. Verschiedene Gelierzucker für unterschiedliche Mischverhältnisse sollten nicht miteinander gemischt werden, denn der Pektingehalt ist grundsätzlich auf die angegebene Menge abgestimmt.
Ich koche meine Marmeladen, Konfitüren und Gelees immer mit so wenig Zucker wie möglich ein, denn der volle Fruchtgeschmack entfaltet sich erst durch kurze Kochzeiten und eine geringe Zuckerzugabe. Auch gesundheitliche Aspekte wie beispielsweise der Schutz vor Karies und eine reduzierte Kalorienzufuhr sind sicherlich ein klares Plus für diese zuckerarme Einkochvariante. Die Haltbarkeit von Selbstgemachtem ist bei geringerem Zuckergehalt zwar begrenzter, aber frisch gekochte Marmelade schmeckt eh am allerbesten. Und außerdem sind wir heutzutage auch nicht mehr auf eine so lange Vorratshaltung angewiesen wie früher.
Der Unterschied zwischen Gelierzucker und Einmachzucker besteht darin, dass Gelierzucker eine fertige Mischung ist und zum Kochen von Marmelade verwendet wird. Einmachzucker hingegen besteht nur aus Zucker (ohne gelierende Zusätze) und eignet sich beispielsweise für das Einmachen von Kompotten. Einmachzucker ist eine grobkörnige Raffinade, die besonders große Zuckerkristalle enthält. Sie lösen sich beim Einkochen nur langsam und verhindern, dass sich Schaum bildet.

❊ Diabetiker

Für Diabetiker ist ein spezieller Gelierzucker erhältlich, der aus dem Zuckeraustauschstoff Sorbit besteht und dem Pektin und Zitronensäure zugefügt wird. Er wird wie normaler Gelierzucker verwendet. Diabetiker können auch zum Einmachen Gelierpulver verwenden. Dieser Mischung können Sie je nach Geschmack Süßstoff oder Fruchtzucker zusetzen.

❊ Fruchtsäuren

wie Zitronensäure (aus dem Bio-Laden oder dem Reformhaus) sind natürliche Konservierungsmittel. Sie unterstützen den Geliervorgang und verhindern z. B. Verfärbungen, die beim Marinieren von Früchten entstehen. Ich verwende am liebsten Zitronen- und Orangensaft.

❊ Essig

Essig ist als Konservierungsmittel beim Einmachen von alters her bekannt. Durch seinen hohen Säuregehalt werden die Bakterienentwicklung und das -wachstum gehemmt. Der Säuregehalt des verwendeten Essigs sollte bei mindestens 6 % liegen. Mit diesem Säuregehalt wird das Wachstum von Gär- und Schimmelpilzen verhindert.

Welche Essige sollte man verwenden? Aromatisierte Essige eher spärlich verwenden, da ihr Eigengeschmack hervorsticht. Als Grundrezept für den Einmachsud nimmt man 500 ml Essig auf 500 g Einmachzucker. Der liebliche Apfelessig passt gut zu Chutneys, die eher milden Weiß- und Rotweinessige harmonieren perfekt zu würzigen Früchten. Aceto balsamico beim Einlegen vorsichtig dosieren, sein Geschmack ist sehr dominant. Gut lässt sich auch mit Reduktionen von Essig arbeiten, dafür z. B. 100 ml Essig langsam auf 50 ml einköcheln lassen. Essigreduktionen haben einen deutlich milderen Geschmack und eine sämigere Konsistenz als reiner Essig.

Wie bei allen Arten des Einmachens bzw. Einkochens sollte man auch hier nur einwandfreies Obst und Gemüse verwenden. Früchte wie Kirschen oder Stachelbeeren mit einer Nadel mehrmals einstechen, so kann der Sud in die Frucht eindringen. Darauf achten, dass mundgerechte Stücke in die Gläser geschichtet werden.

Das Gleiche gilt auch für das Einlegen in Alkohol. Für 1 kg vorbereitetes Gemüse mischt man 500 ml Essig mit 350 bis 450 ml Wasser und den Gewürzen. Probieren Sie den Sud vor dem Abkühlen und schmecken ihn dann nach Vorliebe ab. Verwenden Sie die Gewürze im Ganzen, so vermeiden Sie eine Trübung der Einlegeflüssigkeit.

Wenn Sie die Einmachgläser mit Zellophan (spezielles Einmachzellophan) verschließen wollen, lassen Sie den Inhalt zuerst erkalten.

Alkohol

Das Einlegen in Alkohol ist eine ideale Methode, um Obst haltbar zu machen. Wichtig ist, dass der Alkoholgehalt bei mindestens 54 % liegt (z. B. Rumtopf). Verwenden Sie zum Süßen Einmachzucker, wenn nicht anders angegeben. Es ist ebenfalls ganz wichtig, dass hochwertige Alkoholika verwendet werden. Aromen können durch die »passenden« Spirituosen noch positiv unterstützt werden, z. B. Birnenschnaps zu Birnen. Um ein optimales Geschmackserlebnis zu bekommen, lassen Sie die Früchte einige Zeit ziehen (2 bis 3 Wochen), so können sie ihr volles Aroma entfalten.

Einkochen

Der Vollständigkeit halber noch einige Worte zum Einkochen. Durch das Einkochen und das darauf folgende Abkühlen entsteht ein Vakuum, das die Haltbarkeit des Inhaltes bedingt. Dazu werden spezielle Einmachgläser verwendet, die man im Fachhandel in vielen verschiedenen Größen erhält. Der Nachteil beim Einmachen von Obst ist, dass die Früchte einen relativ hohen Vitaminverlust erleiden und mit zunehmender Lagerdauer an Geschmack und Farbe verlieren. Es ist deshalb besser, ein Kompott zu kochen und frisch zu verzehren oder nur einige Tage im Kühlschrank aufzubewahren.
Falls Sie doch einmal etwas einkochen möchten, bereiten Sie die Gläser, wie auf den Seiten 24 und 25 beschrieben, vor. Den Backofen je nach Rezeptangabe vorheizen. Eine ofenfeste Form, z. B. die Bratreine, etwa zur Hälfte (2 cm hoch) mit Wasser füllen und beiseitestellen. Die Einmachgläser bis 1 cm unter den Rand mit Kompott füllen, verschließen und in das Wasserbad stellen. Das Einmachgut im Wasserbad im Ofen etwa 30 Minuten je nach Rezept einkochen. Vorsicht: Die Einkochzeit beginnt erst ab dem Zeitpunkt, an dem sich im Einkochgut Bläschen bilden. Nach der Einkochzeit die Gläser aus dem Ofen nehmen und auf einem feuchten Küchentuch abkühlen lassen. Erst wenn die Gläser vollständig abgekühlt sind, die Metallklammern entfernen. Dabei ist es wichtig, den Backofen immer gut vorzuheizen. Die Temperatur sollte nicht niedriger als 75 °C liegen, da sonst die Haltbarkeit des Einkochgutes unter Umständen nicht mehr garantiert ist. Sie können auch im Topf einkochen: Die befüllten Gläser mit Küchentüchern umwickeln und in einen großen Topf stellen. Heißes Wasser einfüllen, aufkochen und nach Rezept einkochen.

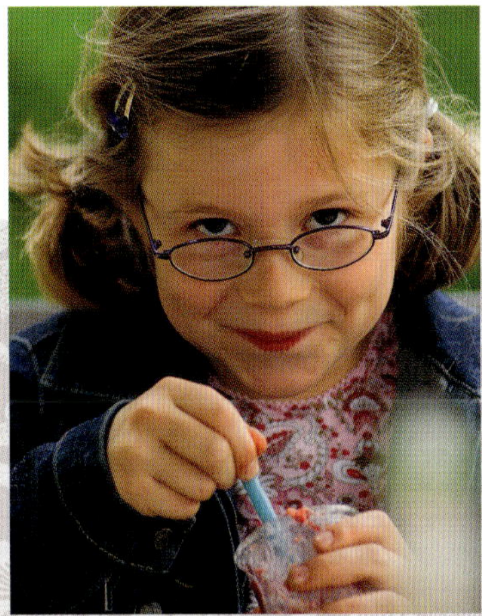

Marmelade kochen Schritt für Schritt

Für eine Mandarinenmarmelade mit Granatapfel (3–4 Gläser à 200 ml Inhalt) benötigen Sie ca. 1 kg Mandarinen, 250 g Gelierzucker (3:1), 3 Zimtblüten im Einweg-Teefilter (als Gewürzsäckchen gebunden), 1 Granatapfel, 2 cl roten Portwein, 1 Streifen Bio-Zitronenschale und 2 TL Orangenlikör. Marmelade in Gläser füllen und gut verschließen.

Was ist der Unterschied zwischen Marmelade und Konfitüre? Laut der EU-Konfitürenverordnung dürfen nur streichfähige Zubereitungen aus Zitrusfrüchten (Orangen, Zitronen, Mandarinen, Grapefruits) als Marmelade bezeichnet werden. 1 kg Marmelade muss mindestens 200 g Zitrusfrüchte enthalten. Konfitüren enthalten eine oder mehrere Obstsor-

1. Mandarinen schälen, in die einzelnen Segmente teilen und Häutchen entfernen. 650 g abwiegen.

2. Filets in einem Topf mit Zucker und Zimtblüten im Säckchen mischen. 1 Stunde ziehen lassen.

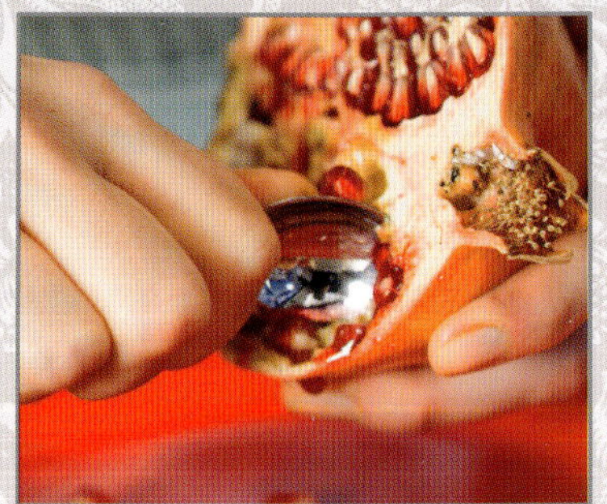

3. Den Granatapfel halbieren. Die Kerne mit einem Löffel herauslösen und in eine Schüssel geben.

4. Die Granatapfelkerne in der Schüssel mit dem Kartoffelstampfer zerdrücken.

5. Durch ein Sieb in einen Topf gießen. Portwein und Zitrusschale zufügen, auf 50 ml einkochen.

6. Mandarinen 5 Min. kochen. Gewürze entfernen, Marmelade pürieren. Weinsud, Likör unterrühren.

ten, die zu einer streichfähigen Konsistenz eingekocht sind. Im allgemeinen Sprachgebrauch wird der Begriff Marmelade jedoch für jede eingemachte Obstsorte verwendet. Eingekochtes mit einem Fruchtanteil von 70 % nennt man Fruchtaufstrich. Es hat damit den höchsten Fruchtanteil. Zubereitungen aus Fruchtsaft mit Zucker heißen Gelees.

Mein persönliches Rezept

Mein Grundrezept für Marmelade und Konfitüre lautet: Die gesamte Fruchtmasse durch 3 geteilt, ergibt die entsprechende Zuckermenge. Diese Grundmischung kann aber – wegen des unterschiedlichen Pektin- und Säuregehalts der Früchte – nicht bei allen Obstsorten angewandt werden. Für die Rezepturen im Buch habe ich gebrauchsfertige Gelierzuckermischungen aus dem Supermarkt verwendet. Das ist die schnellste und einfachste Methode, um Marmeladen zu kochen.
Für den normalen Hausgebrauch empfehle ich, 1 bis 1,5 kg Obst zu verarbeiten, das ergibt 6 bis 8 Gläser à 200 ml Inhalt. Ein sehr genaues Abwiegen der Zutaten ist extrem wichtig, denn das Verhältnis von geputzten Früchten zu Zucker muss exakt stimmen. Wenn Sie tiefgefrorene Früchte verwenden, sollten Sie sie unaufgetaut wiegen. Nach dem Auftauen die Früchte mit dem ausgetretenen Saft verwerten. Dies gilt auch für marinierte Früchte. Die im Rezept angegebene Kochzeit gilt ab dem Zeitpunkt, an dem die Fruchtmasse beginnt, im Topf Blasen zu werfen. Dann wird die Masse mindestens 5 Minuten gekocht. Wichtig ist auch, die Marmelade langsam zum Kochen zu bringen und während des Kochvorgangs immer umzurühren, damit nichts am Topf ansetzt und genügend Flüssigkeit verdampfen kann. Wenn die Marmelade abgefüllt ist, sollten Sie sie längere Zeit (am besten über Nacht) ruhen lassen und möglichst nicht bewegen.

Saft – die klare Basis für Gelees

Für die Zubereitung von Gelees ist Fruchtsaft die Basis, das Entsaften von Früchten also notwendig. Meine Methode: 1,5 kg Früchte (gewaschen und klein geschnitten, mit Schale und Kerngehäuse) in etwa 500 ml Wasser kochen, bis die Früchte weich sind. Ein großes Sieb mit groben Löchern mit einem feinen Mulltuch oder Küchentuch (nicht zu dicht gewebt) auslegen und auf eine passende Schüssel stellen. Die gekochten Früchte mit dem ausgetretenen Saft in das Sieb gießen, den Saft abtropfen lassen (am besten über einen Zeitraum von 2 bis 3 Stunden) und auffangen. Die Früchte nicht ausdrücken, sonst wird das Gelee trüb.
Die Kochzeit für weiche Früchte wie Himbeeren oder Kirschen liegt bei 20 bis 25 Minuten, mittelharte Früchte wie Aprikosen oder Pflaumen benötigen 35 bis 40 Minuten, und harte Früchte wie Quitten brauchen etwa 1 Stunde. Früher wurde zum Entsaften mit einem Dampfentsafter gearbeitet. Die Anschaffung dieses Geräts lohnt sich aber nur, wenn Sie sehr oft und in größeren Mengen entsaften. Auch bei Gelees versuche ich, mich an die 3:1-Mischung zu halten.
Beim Abkühlen von fertig eingekochten Gelees mit Fruchtstücken die Gläser gelegentlich drehen, damit sich die Stücke gut im Glas verteilen.

Chutney – so gelingt's garantiert

Für ein Zwetschgenchutney (5–6 Gläser à 200 ml Inhalt) benötigen Sie 1,5 kg reife Zwetschgen, 150 ml Rotwein, 1 walnussgroßes, geschältes Stück Ingwer, 3 geschälte Knoblauchzehen (grob gehackt), 1 Lorbeerblatt, 6 Nelken, 1 Zimtstange, 3 Wacholderbeeren, 260 g rote Zwiebeln, 180 g braunen Zucker, 100 ml Rotweinessig und je 1 Majoran-, Rosmarin- und Thymianzweig (zu einem Kräutersträußchen gebunden). Sowie etwas Wildgewürz und Ingwermus zum Abschmecken. Das Chutney, wie in den Steps beschrieben, zubereiten und zuletzt noch nach Geschmack mit Salz und Pfeffer aus der Mühle würzen. Das Zwetschgenchutney in vorbereitete Gläser füllen und gut verschließen.

1. Zwetschgen waschen, trocken reiben und entsteinen. 1,4 kg abwiegen und klein schneiden.

2. Den Rotwein in einem kleinen Topf auf dem Herd bei mittlerer Hitze einköcheln lassen.

3. Ingwer und Knoblauch mit den restlichen Gewürzen in einen Einweg-Teefilter füllen, zubinden.

4. Die Zwiebeln schälen, in Würfel schneiden. Mit dem Zucker in einem Topf mischen und aufkochen.

5. Mit Essig ablöschen. Früchte, Gewürzsäckchen, Kräuter hinzufügen. Ca. 30 Minuten einkochen.

6. Nach 15 Minuten eingekochten Rotwein zufügen. Mit Ingwermus und Wildgewürz abschmecken.

Chutneys sind würzige Beilagen aus Gemüse oder Früchten. In Chutneys überwiegt der Fruchtanteil, während in Relishes der Gemüseanteil höher ist. Relish bedeutet so viel wie Würzmarmelade, außerdem ist die Konsistenz flüssiger als bei Chutneys. Ursprünglich kommen Chutneys aus Indien und bedeuten »scharf gewürzt«. Allgemein kann man sagen, dass Chutneys eine Kombination aus süß und pikant sind. Sie harmonieren nicht nur wunderbar mit asiatischen Gerichten, sondern passen geschmacklich auch als Beilage zu Steaks, Hähnchen und Fisch oder eignen sich zum Verfeinern von Suppen oder Salatdressings.

Chutneys sind ebenso lange haltbar wie Marmeladen und in der Herstellung ganz ähnlich. Der Zuckergehalt ist allerdings deutlich niedriger, die Konservierung wird hier durch den Essig unterstützt. Ein geöffnetes Chutney sollten Sie im Kühlschrank aufbewahren und möglichst bald verzehren. Auch hier empfehle ich, eher kleine Mengen einzukochen und die Masse langsam zum Kochen zu bringen. Wie bei den Marmeladen beim Kochen öfter umrühren, damit nichts am Topf ansetzt und genug Flüssigkeit verdampfen kann.

Bei der Zubereitung von Chutneys können Sie auf unterschiedliche Zuckersorten zurückgreifen. Der Klassiker ist natürlich der Einmachzucker. Werden Chutneys mit braunem Zucker eingekocht, sind sie kräftig im Geschmack und etwas malzig. Kandiszucker verleiht Chutneys eine leichte Karamellnote. Und auch Honig, den man in vielen verschiedenen Geschmacksrichtungen wie Thymian oder Tannenblüten erhält, ist als Aromaträger sehr beliebt.

Chutneys schmecken am besten, wenn man sie einige Tage oder Wochen ruhen lässt, damit sich die Gewürze entfalten können. Wenn Sie die Gewürze in den eingemachten Gläsern belassen, müssen Sie damit rechnen, dass der Geschmack sich im Nachhinein noch verstärkt. Deshalb empfehle ich, die ganzen Gewürze, wie z.B. Zimtstangen, Nelken oder Anissterne, zwar mitzukochen, aber vor dem Abfüllen wieder zu entfernen.

Kräuterzweige wie Thymian oder Majoran entferne ich ebenfalls vor dem Abfüllen. Kräuter sind geschmacksintensiver, wenn sie frisch verwendet werden, deshalb vorsichtig dosieren. Vor dem Abfüllen die Chutneys probieren und, falls nötig, nach Geschmack nachwürzen.

Gläser vorbereiten – die wichtigsten Steps

Zu den ersten und wichtigsten Schritten beim Einkochen gehört das Sterilisieren von Gläsern und Deckeln. Absolute Sauberkeit ist wesentlich, um eine lange Haltbarkeit des Einmachgutes zu garantieren. Verwenden Sie auch zum Abtropfen der Gläser immer frische, saubere Küchentücher.

Für Marmeladen, Chutneys & Co. eignen sich zwei Arten von Gläsern: Schraubgläser mit Deckeln zum Abschrauben oder auch Einmachgläser mit Gummiringen als Dichtung und einem Metallklammerverschluss (Weckgläser).

Bei Einmachgläsern auch die Gummiringe auskochen. Schon einmal benutzte Gummiringe und Schraubdeckel aus hygienischen Gründen nicht wieder verwenden. Für eine optimale Dichtung sind zur Glasgröße passende Gummiringe und Deckel ebenso wichtig wie einwandfreies Material, d. h., sie sollten ohne Risse und nicht spröde sein. Gummiringe und Deckel in vielen Größen gibt es in Kaufhäusern oder Fachgeschäften zu kaufen.

Vor dem Sterilisieren zunächst Gläser und Deckel mit Spülmittel waschen und mit klarem Wasser gut ausspülen, um alle Spülmittelreste zu beseitigen. Wenn man sie in der Spülmaschine wäscht, keinen Glanzspüler verwenden.

Für das Sterilisieren von Gläsern und Deckeln gibt es zwei Möglichkeiten:

Mit kochendem Wasser

Die gewaschenen Gläser offen auf ein Gitter in einen weiten, tiefen Topf stellen. Den Topf und die Gläser mit kochendem Wasser befüllen und etwa 10 Minuten kochen lassen (siehe Schritt 1). Am besten kalkfreies Wasser dafür verwenden, sonst legt sich unter Umständen nach dem Trocknen ein feiner Kalkschleier auf die Gläser.

Die ausgekochten Gläser aus dem Topf heben, das Wasser ausleeren und die Gläser kopfüber auf einem sauberen Küchentuch abtropfen lassen (siehe Schritt 2). Mit den Deckeln in einem separaten

1. Gläser auf einem Sieb im Topf mit kochendem Wasser füllen und 10 Minuten kochen lassen.

2. Ausgekochte Gläser kopfüber auf einem sauberen Küchentuch abtropfen lassen.

3. Dichtungsringe von Einmachgläsern in einem separaten Topf 10 Minuten kochen lassen.

Topf ebenso verfahren (siehe Schritt 3). Eine Reine oder ein Backblech vorbereiten und die ausgekochten Gläser und Deckel bei 100 °C im Backofen 15 Minuten trocknen lassen. Den Backofen nach dieser Zeit ausschalten und die Gläser bis zum Befüllen im Ofen stehen lassen.
Gummiringe müssen ebenfalls sterilisiert werden, damit keine Keime im Einmachgut entstehen können. Legen Sie die Gummiringe 10 Minuten in einen Topf mit kochendem Wasser. Nach dem Auskochen in einen anderen Topf mit heißem Wasser liegen lassen, bis das Einmachgut verschlossen werden muss. Herausnehmen und auf einem Küchentuch kurz abtropfen lassen. So bleiben die Gummiringe elastisch und trocknen nicht aus.

Im Backofen

Zum Sterilisieren im Backofen die gewaschenen und abgetropften Gläser in einer Bratreine oder auf dem Backblech bei etwa 160 °C im Ofen 10 Minuten erhitzen. Die sterilisierten Gläser vor dem Einfüllen des Einmachgutes etwas abkühlen lassen.

Tipps zum Einfüllen

Die Gläser sollten beim Einfüllen immer warm sein oder auf einem feuchten Tuch stehen, sonst besteht die Gefahr, dass sie zerspringen. Zum Einfüllen am besten einen kleinen Schöpflöffel und einen Trichter benutzen, so bleiben die Glasränder sauber. Sollten die Ränder doch einmal verschmutzt sein, unbedingt mit einem sauberen, feuchten Tuch oder Küchenpapier die Reste entfernen, da sonst die Gläser nicht dicht abschließen. Beim Gläserbefüllen darauf achten, dass keine Luftlöcher entstehen, denn Luft in den Zwischenräumen kann das Wachstum von Keimen fördern. Wenn das Einkochgut stückig ist, das Glas vorsichtig auf ein Schwammtuch klopfen, dadurch senken sich die Früchte. Oder das Glas zwischen beiden Händen schnell drehen. Gläser immer randvoll befüllen und danach sofort verschließen. Schraubgläser umdrehen und etwa 5 Minuten auf dem Deckel stehen lassen.
Und noch ein **Tipp:** Vorsichtshalber sollten Sie beim Sterilisieren immer ein Glas mehr vorbereiten, da die eingekochten Mengen variieren können.

Tipps zum Verpacken

Gläser eignen sich nicht nur zum praktischen Aufbewahren, sondern sie bieten auch Platz für Glückwünsche und kreative Bastelideen. Bügelgläser werden z. B. mit einer Schleife und einem kleinen Löffel zu einem willkommenen Geschenk. Sie können die fertigen Gläser auch in Folie wickeln oder den Deckel mit einem Stück Stoff verkleiden.

Nützliche Küchentipps

Die wichtigsten Utensilien

Verwenden Sie zum Einkochen am besten Töpfe aus Edelstahl oder Kupfer. Sie sollten eher breit als hoch sein, dadurch verteilt sich die Hitze besser, das Wasser verdunstet schneller, und die Kochzeit verkürzt sich, was sich positiv auf Vitamingehalt und Farbe des Einkochgutes auswirkt. Die Töpfe nur zur Hälfte befüllen, um ein Überkochen zu vermeiden. Verwenden Sie keine Aluminiumtöpfe, da durch die Fruchtsäuren chemische Verbindungen entstehen können, die sich in Kontakt mit dem Aluminium negativ auf den Geschmack auswirken.
Außerdem sollten Sie Trichter, Obstmesser, Kochlöffel aus Kunststoff, Schaumlöffel, kleine Suppenkelle, Stabmixer, Haarsieb, Sieb, genaue Waage, Einweg-Teefilter oder Mullsäckchen, Schüsseln aus Glas oder anderen säurefesten Materialien, Eieruhr, Zitronenpresse, Messbecher und vor allem genügend Einmachgläser im Haus haben.
Und noch ein **Tipp:** Bevor Sie mit dem Einkochen beginnen, legen Sie Block, Stift bereit, damit neu erprobte Köstlichkeiten gleich notiert werden können.

Gelierprobe

Um zu prüfen, ob die Marmelade oder das Gelee nach dem Erkalten schon genug Festigkeit entwickelt, nehmen Sie kurz vor Ende des Kochvorgangs ein wenig von der kochenden Masse ab und tropfen sie auf einen kalten Teller. Wird der Tropfen fest, können Sie Ihr Kochgut abfüllen, wenn nicht, verlängern Sie die Kochzeit um 1 bis 2 Minuten oder fügen etwas Zitronensaft hinzu.

Lagerung

Ungeöffnete Gläser immer kühl und dunkel lagern. Vergessen Sie nicht, Ihre »Früchtchen« mit Etiketten zu beschriften und darauf Abfülldatum und Inhalt zu vermerken. Marmeladen verlieren im Laufe der Zeit zwar ihre Farbe, dem Geschmack tut dies aber keinen Abbruch. Sehr auffällig ist das z. B. bei Erdbeeren und Zwetschgen.

Haltbarkeit

Am besten kocht man wegen des besseren Geschmacks nur kleine Mengen ein und füllt das Einkochgut in kleine Gläser ab. Bereits geöffnete Gläser sind im Kühlschrank mehrere Monate haltbar. Noch ein Wort zur Haltbarkeit: Zutaten wie Nüsse, Kokosstückchen, Rosenblätter, Basilikum oder Minze – also Kräuter und Gewürze – reduzieren die Haltbarkeit.

Selbst getrocknete Kräuter aus dem Garten (wie Majoran, Rosmarin) sind schnell gemacht: Kräuterblätter mit Stielen waschen, vorsichtig trocken tupfen und kopfüber an einem warmen Ort trocknen lassen. Die Blätter abzupfen und in verschlossenen Gläsern aufbewahren.

Auch **Vanillezucker** lässt sich leicht selbst herstellen: 2 Vanilleschoten der Länge nach aufschneiden und das Mark herauskratzen. Das Vanillemark mit 1 kg Zucker in die Küchenmaschine geben und gut mischen. Vanillezucker in ein luftdicht verschließbares Glas füllen, aufgeschlitzte Vanilleschoten hinzufügen und 3 bis 4 Tage ziehen lassen.

Pannenhilfe – gewusst, wie

Was mache ich, wenn ...

... die Marmelade nach der Kochzeit zu **dünn** ist?
In diesem Fall 1 TL bis 1 EL Apfelpektin (aus dem Reformhaus) mit dem Schneebesen in die heiße Marmelade rühren und nochmals aufkochen lassen. Oder etwas Zitronensaft hinzufügen.

... die Marmelade nach dem vollständigen Abkühlen noch zu **flüssig** ist?
Da hilft nichts – alles erneut im Kochtopf aufkochen und noch etwas Gelierzucker oder Apfelpektin dazugeben.

... die Marmelade zu **fest** ist?
Die Marmelade können Sie kurz vor dem Verzehr mit einigen Tropfen Wasser oder Saft verdünnen. Oder einfach unter Quarkspeisen rühren oder als Basis für Milchshakes verwenden.

... sich auf der seit einigen Tagen geöffneten Marmelade **Wasser** bildet?
Das kann darin liegen, dass die Kochzeit nicht genau eingehalten wurde, sprich zu kurz war. Das Wasser können Sie einfach vorsichtig abgießen oder wieder unter die Marmelade rühren.

... das Gelee **trüb** ist?
Die Trübung entsteht durch zu starkes Aus- bzw. Durchdrücken der Früchte, ist aber nur ein Schönheitsfehler, kein Qualitätsmerkmal.

... sich der **Deckel** wölbt oder sich **Schimmel** im Glas bildet?
Dies sind Zeichen dafür, dass das Einmachgut verdorben ist – also unbedingt wegwerfen! Es gibt manchmal die Empfehlung, die mit Schimmel befallene Schicht großzügig zu entfernen und den Rest der Marmelade zu essen. Diese Empfehlung teile ich nicht, denn Schimmelsporen verteilen ihre Fäden und sind oft mit dem bloßen Auge nicht erkennbar. Ebenfalls ungenießbar ist das Eingemachte bei Schaumbildung, das Obst bzw. Gemüse hat dann zu gären begonnen (z. B. bei Rumtopf). Es ist deshalb ratsam, öfter einen Blick in die Vorratskammer zu werfen und die eingemachten Schätze zu kontrollieren.
Das Gleiche gilt auch für Gläser, die sich beim ersten Öffnen ganz leicht aufschrauben lassen. Dann hat sich kein Vakuum gebildet, und der Inhalt ist höchstwahrscheinlich nicht mehr frisch. Wenn Gläser, Deckel oder Gummis beschädigt sind, sollten Sie den Inhalt ebenfalls nicht mehr verzehren.

... beim Marmeladekochen **Schaum** entsteht?
Den Schaum unbedingt vor dem Abfüllen mit dem Schöpflöffel oder der Abtropfkelle abschöpfen, denn dadurch können Bakterien entstehen, die die Marmelade verderben lassen. Schaum entsteht meist beim Einkochen von sehr eiweißhaltigen Früchten wie Erdbeeren oder Orangen.

Marmeladen

& Konfitüren

Aprikosenmarmelade (Grundrezept)

Zutaten für 8–9 Gläser à 200 ml

ca. 1,5 kg Aprikosen

3 Orangen

1/2 Vanilleschote

500 g Gelierzucker (3:1)

❊ Die Aprikosen kreuzweise einritzen und kurz in kochendes Wasser tauchen. Die Aprikosen häuten, die Früchte halbieren, die Steine entfernen und das Fruchtfleisch in kleine Stücke schneiden. 1,4 kg Aprikosenfruchtfleisch abwiegen.

❊ Die Orangen halbieren und den Saft auspressen. 100 ml Orangensaft abmessen. Die Vanilleschote der Länge nach aufschneiden und das Mark herauskratzen.

❊ Das Aprikosenfruchtfleisch mit dem Orangensaft, dem Vanillemark und der -schote und dem Gelierzucker in einem großen Topf mischen und zugedeckt 1 Stunde ziehen lassen.

❊ Die Aprikosen-Zucker-Mischung unter Rühren langsam zum Kochen bringen und 5 Minuten kochen lassen. Die Vanilleschote entfernen und die Marmelade mit dem Stabmixer pürieren. Die Aprikosenmarmelade in vorbereitete Gläser füllen und gut verschließen.

Mein Tipp:
Durch das Abziehen der Haut erhält man eine besonders feine Marmelade, die man auch noch mit ein wenig Rum oder Rumaroma aromatisieren kann.

Aprikosenvariationen

Aprikosenmarmelade mit weißer Schokolade

Zutaten für 4–5 Gläser à 200 ml

- ca. 800 g Aprikosen
- 3 Orangen
- 1 EL Bourbon-Vanillezucker
- 280 g Gelierzucker (3:1)
- 40 g weiße Schokolade (beste Qualität)
- 1 cl Grand Marnier (Orangenlikör)

❋ Die Aprikosen, wie im Grundrezept beschrieben, häuten, entsteinen und klein schneiden. 750 g Fruchtfleisch abwiegen. Die Orangen auspressen und 100 ml Saft abmessen. Das Fruchtfleisch mit dem Saft, dem Vanille- und dem Gelierzucker in einem Topf mischen, zugedeckt 1 Stunde ziehen lassen.

❋ Die Aprikosen-Zucker-Mischung unter Rühren langsam aufkochen und 5 Minuten kochen lassen. Die Marmelade pürieren und die fein gehackte Schokolade in der heißen Marmelade schmelzen lassen. Den Grand Marnier unterrühren, in vorbereitete Gläser füllen und gut verschließen. Hält sich kühl gelagert etwa 6 Monate.

Aprikosenmarmelade mit Pfirsich

Zutaten für 3–4 Gläser à 200 ml

- 340 g Aprikosen
- 340 g gelbfleischige Pfirsiche
- abgeriebene Schale von 1/2 Bio-Orange
- Mark von 1/2 Vanilleschote
- 200 g Gelierzucker (3:1)

❋ Aprikosen und Pfirsiche, wie im Grundrezept beschrieben, häuten, entsteinen, vierteln und je 300 g Fruchtfleisch abwiegen. Die Früchte mit Orangenschale, Vanillemark und Gelierzucker in einem Topf mischen und zugedeckt 2 Stunden ziehen lassen.

❋ Die Früchte-Zucker-Mischung langsam aufkochen und 4 bis 5 Minuten kochen lassen. Die Marmelade pürieren, in vorbereitete Gläser füllen und gut verschließen.

Mein Tipp:
Aprikosen brennen sehr leicht an, deshalb sollte man sie ganz langsam aufkochen. Sie können die Pfirsiche auch einmal durch Himbeerpüree ersetzen.

Konfitüre aus weißen Pfirsichen und Birnen

Zutaten für 5–6 Gläser à 200 ml

1/2 Zitrone

ca. 700 g Birnen (z. B. Williams Christ oder Forellen-Birnen)

1/2 Vanilleschote

470 g Gelierzucker (3:1)

knapp 1 kg weißfleischige Pfirsiche

3 cl Grand Marnier (Orangenlikör)

❋ Am Vortag die Zitrone auspressen. Die Birnen vierteln, schälen und die Kerngehäuse entfernen. 540 g Fruchtfleisch abwiegen, in grobe Stücke schneiden und mit dem Zitronensaft mischen.

❋ Die Vanilleschote der Länge nach aufschneiden und das Mark herauskratzen. Das Vanillemark und die Hälfte des Gelierzuckers unter das Birnenfruchtfleisch mischen und im Kühlschrank zugedeckt über Nacht ziehen lassen.

❋ Am nächsten Tag die Pfirsiche kreuzweise einritzen und kurz in kochendes Wasser tauchen. Die Pfirsiche häuten, die Früchte halbieren, die Steine entfernen und das Fruchtfleisch in kleine Stücke schneiden. 880 g Fruchtfleisch abwiegen.

❋ Das marinierte Birnenfruchtfleisch mit den Pfirsichen und dem restlichen Gelierzucker in einem Topf unter Rühren langsam zum Kochen bringen und 5 Minuten kochen lassen. Die Konfitüre mit dem Stabmixer pürieren und den Grand Marnier unterrühren. In vorbereitete Gläser füllen und gut verschließen.

Mein Tipp:

Den Grand Marnier können Sie durch Birnenschnaps ersetzen. Wer keine Vanilleschote zur Hand hat, nimmt stattdessen 1/2 Päckchen Bourbon-Vanillezucker.

Kirschmarmelade (Grundrezept)

Zutaten für 6–8 Gläser à 200 ml

ca. 1 kg Sauerkirschen (frisch oder tiefgekühlt)

550 g Süßkirschen (frisch oder tiefgekühlt)

1 Orange

500 g Gelierzucker (3:1)

1 EL Bourbon-Vanillezucker

1 Zimtstange

❊ Die Kirschen waschen, entstielen, entsteinen (oder auftauen lassen) und halbieren. 900 g Sauerkirschen und 500 g Süßkirschen abwiegen und in einen großen Topf geben.

❊ Die Orange halbieren und den Saft auspressen. Den Orangensaft, den Gelierzucker, den Vanillezucker und die Zimtstange zu den Kirschen geben, alles gut mischen und zugedeckt 2 bis 3 Stunden ziehen lassen.

❊ Die Kirschen-Zucker-Mischung unter Rühren langsam zum Kochen bringen und 5 Minuten sprudelnd kochen lassen. Die Zimtstange wieder entfernen und die Kirschmarmelade mit dem Stabmixer pürieren, in vorbereitete Gläser füllen und gut verschließen. Wer mag, rührt vor dem Abfüllen noch 1 bis 2 EL Kirschwasser unter die Marmelade.

Mein Tipp:
Diese Marmelade schmeckt auch nur mit Sauerkirschen gut. Oder Sie probieren den Klassiker: eine Mischung aus Himbeeren und Süßkirschen.

Kirschvariationen

Kirschmarmelade mit Marzipan

Zutaten für 3–4 Gläser à 200 ml

- 550 g Sauerkirschen
- 130 ml frisch gepresster Orangensaft
- 3 cl Schwarzer Johannisbeersaft (ungesüßt)
- 200 g Gelierzucker (3 : 1)
- 1 EL Bourbon-Vanillezucker
- 5 g Honigmarzipan (beste Qualität)

Die Kirschen waschen, entstielen, halbieren und entsteinen. 500 g Fruchtfleisch abwiegen und in einen Topf geben. Orangen- und Johannisbeersaft mit dem Gelier- und dem Vanillezucker zu den Kirschen geben und alles gut mischen.

Die Kirschen-Zucker-Mischung zum Kochen bringen. Das klein geschnittene Marzipan nach 3 Minuten Kochzeit dazugeben und weitere 2 Minuten kochen lassen. Alles mit dem Stabmixer pürieren, in Gläser füllen, gut verschließen.

Kirschmarmelade mit Mohn

Zutaten für 3–4 Gläser à 200 ml

- 550 g Sauerkirschen
- 2 Orangen
- 50 ml Kirschsaft (ungesüßt)
- 1/2 TL abgeriebene Bio-Zitronenschale
- 180 g Gelierzucker (3 : 1)
- 8 g gemahlener Mohn
- 2 cl weißer Portwein
- je 1 Msp. Zimt- und Nelkenpulver

Wie oben beschrieben, 500 g Kirschen abwiegen, in einen Topf geben. Orangen auspressen und 70 ml Saft abmessen. Mit Kirschsaft, Zitronenschale und Gelierzucker unter die Kirschen mischen.

Mohn in einer beschichteten Pfanne ohne Fett bei kleiner Hitze etwa 3 Minuten anrösten, mit dem Portwein ablöschen. Die Kirschmischung zum Kochen bringen. Nach 4 Minuten den Mohn und die Gewürze dazugeben, 1 Minute kochen lassen. Die Marmelade grob pürieren, in vorbereitete Gläser füllen und gut verschließen.

Mein Tipp:
Für ein süßes Frühstück einige Scheiben Tiefkühl-Blätterteig mit der Marmelade mit Marzipan bestreichen, zu Hörnchen rollen und knusprig backen.

Kirschmarmelade mit Espresso

Zutaten für 3–4 Gläser à 200 ml

550 g Sauerkirschen
1 Orange
180 g Gelierzucker (3:1)
1 TL Bourbon-Vanillezucker
20 g Bitterschokolade (beste Qualität; 70 % Kakaoanteil)
2 cl frisch gebrühter Espresso
1 Msp. Zimtpulver

Die Kirschen waschen, entstielen, halbieren oder vierteln und entsteinen. 500 g Fruchtfleisch abwiegen und in einen Topf geben. Die Orange halbieren und den Saft auspressen. 50 ml abmessen und mit den Kirschen, dem Gelierzucker und dem Vanillezucker in einem Topf mischen und zugedeckt etwa 2 Stunden ziehen lassen.

Die Bitterschokolade in sehr feine Stücke hacken. Die Kirschen-Zucker-Mischung unter Rühren langsam zum Kochen bringen. Nach 5 Minuten Kochzeit den Espresso und den Zimt unterrühren. Die Schokoladenstückchen dazugeben und unter Rühren in der Marmelade schmelzen lassen.

Die Kirschmarmelade in vorbereitete Gläser füllen und gut verschließen. Bei kühler und dunkler Lagerung hält sich die Marmelade etwa 3 Monate.

Mein Tipp:
Wer die Marmelade feiner mag, püriert sie zum Schluss. Sie können auch die Hälfte der Schokolade durch Bitterschokolade mit Orangenaroma ersetzen.

Erdbeermarmelade (Grundrezept)

Zutaten für 6–7 Gläser à 200 ml
ca. 1,5 kg Erdbeeren
3 Orangen
500 g Gelierzucker (3:1)

Die Erdbeeren verlesen, in ein Sieb geben und mit kaltem Wasser abbrausen. Die Beeren gut abtropfen lassen, erst dann die Stiele und die Kelchblätter entfernen und die Erdbeeren vierteln. 1,4 kg Fruchtfleisch abwiegen.

Die Orangen halbieren und den Saft auspressen. 100 ml Orangensaft abmessen. Die Erdbeeren mit dem Orangensaft und dem Gelierzucker in einen großen Topf geben, mischen und zugedeckt etwa 1 Stunde ziehen lassen.

Die Erdbeeren-Zucker-Mischung unter Rühren langsam zum Kochen bringen und 5 Minuten sprudelnd kochen lassen. Die Erdbeermarmelade mit dem Stabmixer pürieren, in vorbereitete Gläser füllen und gut verschließen.

Ganz nach persönlichem Geschmack können Sie die Erdbeermarmelade abwandeln, zum Beispiel indem Sie sie mit 1 TL Bourbon-Vanillezucker und 1 cl Grand Marnier (Orangenlikör) aromatisieren oder einen Teil der Erdbeeren (etwa 100 g) durch reifes Bananenfruchtfleisch ersetzen – eine Variation, die vor allem Kinder überzeugt!

Mein Tipp:
Erdbeeren sind am aromatischsten, wenn sie mit viel Sonne reifen konnten. Nach einer Regenperiode gepflückt, schmecken sie sehr wässrig.

Erdbeervariationen

Erdbeermarmelade mit Balsamico und schwarzem Pfeffer

Zutaten für 6–7 Gläser à 200 ml

- ca. 1,5 kg Erdbeeren
- 2 Orangen
- 500 g Gelierzucker (3:1)
- 1 TL schwarze Pfefferkörner
- 3 cl dickflüssiger Aceto balsamico (beste Qualität)

❊ Die Erdbeeren, wie im Grundrezept beschrieben, vorbereiten und 1,4 kg Fruchtfleisch abwiegen. Die Orangen auspressen und 90 ml Saft abmessen. Erdbeeren mit Orangensaft und Gelierzucker in einem Topf mischen und zugedeckt 2 Stunden ziehen lassen. Die Pfefferkörner im Mörser fein mahlen.

❊ Die Frucht-Zucker-Mischung unter Rühren langsam zum Kochen bringen und 5 Minuten sprudelnd kochen lassen. Die Erdbeermarmelade nach Belieben pürieren, Pfeffer und Essig unterrühren. Die Marmelade in vorbereitete Gläser füllen und gut verschließen.

Erdbeer-Johannisbeer-Marmelade

Zutaten für 6–7 Gläser à 200 ml

- ca. 1,1 kg Erdbeeren
- 500 g Schwarze Johannisbeeren (ersatzweise ungesüßter Schwarzer Johannisbeersaft)
- Saft von 1 Zitrone
- 500 g Gelierzucker (3:1)

❊ Erdbeeren, wie im Grundrezept beschrieben, vorbereiten und 1 kg abwiegen. Johannisbeeren waschen, abtropfen lassen, von den Rispen streifen. 400 g abwiegen und andrücken. Mit Zitronensaft und Zucker in einem Topf mischen und 1 Stunde ziehen lassen.

❊ Die Frucht-Zucker-Mischung zum Kochen bringen und 5 Minuten kochen lassen. Pürieren, nach Belieben 1 EL Crème de Cassis (Johannisbeerlikör) unterrühren, in Gläser füllen und gut verschließen.

Mein Tipp:
Kinder lieben Erdbeermarmelade! Verwöhnen Sie Ihre Kleinen doch einmal mit folgenden Mischungen: Erdbeer/Stachelbeer oder Erdbeer/Aprikose.

Erdbeer-Rhabarber-Marmelade

Zutaten für 6–7 Gläser à 200 ml

ca. 1 kg Rhabarber
260 g Erdbeeren
1 kg Saftorangen
40 g Bourbon-Vanillezucker
500 g Gelierzucker (3 : 1)

❋ Den Rhabarber putzen, waschen und die äußeren Fäden abziehen. Die Rhabarberstangen in etwa 1 cm breite Stücke schneiden und 800 g Fruchtfleisch abwiegen.

❋ Die Erdbeeren verlesen, in ein Sieb geben und mit kaltem Wasser abbrausen. Die Beeren gut abtropfen lassen, erst dann die Stiele und die Kelchblätter entfernen und die Früchte vierteln. 250 g Erdbeerfruchtfleisch abwiegen.

❋ Die Orangen halbieren und den Saft auspressen. 450 ml Orangensaft abmessen. Den Saft mit dem Rhabarber, den Erdbeeren, dem Vanillezucker und dem Gelierzucker in einem großen Topf mischen und zugedeckt 30 Minuten ziehen lassen.

❋ Die Früchte-Zucker-Mischung unter Rühren langsam zum Kochen bringen und 5 Minuten kochen lassen. Die Erdbeer-Rhabarber-Marmelade mit dem Stabmixer pürieren, in vorbereitete Gläser füllen und gut verschließen.

Mein Tipp:
Verwenden Sie am besten dünne oder mittelgroße Stangen von möglichst jungem Rhabarber. Sie sind mild, aber dennoch von intensivem Aroma.

Konfitüre aus passierten Himbeeren

Zutaten für 3–4 Gläser à 200 ml

700 g Himbeeren

½ Limette

180 g Gelierzucker (3:1)

❋ Die Himbeeren verlesen, in ein Sieb geben und kurz mit kaltem Wasser abbrausen. Die Beeren gut abtropfen lassen und mit Küchenpapier oder einem Küchentuch vorsichtig trocken tupfen.

❋ Die Himbeeren in einer Schüssel mit dem Stabmixer fein pürieren. Die Himbeermasse mit einem Kochlöffel oder Spatel durch ein feines Haarsieb streichen, bis nur noch die kleinen Kerne im Sieb zurückbleiben. Ergibt etwa 540 g Himbeerpüree.

❋ Die Limette auspressen und den Saft ebenfalls durch ein feines Teesieb zum Himbeerpüree gießen.

❋ Das Himbeerpüree mit dem Limettensaft und dem Gelierzucker in einen Topf geben, mischen und unter Rühren langsam zum Kochen bringen. Die Himbeerkonfitüre 5 Minuten kochen lassen, in vorbereitete Gläser füllen und gut verschließen.

❋ Nach Belieben können Sie die Himbeerkonfitüre vor dem Abfüllen mit 2 TL Amaretto (ital. Mandellikör) oder einigen Tropfen Bittermandelaroma verfeinern.

Mein Tipp:
Für dieses Rezept eignen sich sehr gut tiefgefrorene Himbeeren. Sie sollten die Beeren noch gefroren abwiegen. Den Auftausaft unbedingt mitverwenden.

Zwetschgenmarmelade (Grundrezept)

Zutaten für 6–7 Gläser à 200 ml

1,6 kg Bühler Zwetschgen oder Pflaumen
1 Orange
1/2 Vanilleschote
1 Zimtstange
500 g Gelierzucker (3:1)

❊ Die Zwetschgen in ein Sieb geben, mit kaltem Wasser abbrausen und gut abtropfen lassen. Die Zwetschgen halbieren und dabei die Steine entfernen. Die Steine auf ein Mulltuch beiseitelegen. Die Zwetschgen vierteln und 1,5 kg Fruchtfleisch abwiegen.

❊ Das Mulltuch wie ein Säckchen mit Küchengarn zubinden und die Zwetschgensteine mit dem Nudelholz oder dem Plattiereisen leicht zerschlagen.

❊ Die Orange halbieren, den Saft auspressen und 60 ml Saft abmessen. Die Vanilleschote der Länge nach aufschneiden und das Mark herauskratzen.

❊ Die geviertelten Zwetschgen mit dem Orangensaft, dem Vanillemark, der -schote, der Zimtstange und dem Gelierzucker in einem Topf mischen. Das Mulltuch mit den Steinen in die Mitte geben und die Mischung zugedeckt 30 Minuten ziehen lassen.

❊ Die Zwetschgen-Zucker-Mischung unter Rühren langsam zum Kochen bringen und 5 bis 6 Minuten kochen lassen. Das Mulltuch mit den Steinen, die Vanilleschote und die Zimtstange entfernen. Die Zwetschgenmarmelade mit dem Stabmixer pürieren, in vorbereitete Gläser füllen und gut verschließen.

Mein Tipp:
Verleihen Sie der Marmelade eine besondere Note, z. B. mit 1 Prise Nelkenpulver, 1/2 TL abgeriebener Bio-Orangenschale oder etwas geriebenem Ingwer.

Zwetschgen-in-Rotwein-Marmelade

Zutaten für 7–8 Gläser à 200 ml

1,6 kg Bühler Zwetschgen
1 haselnussgroßes Stück Ingwer
1/2 Bio-Orange
5 Nelken
1 Anisstern
500 g Gelierzucker (3 : 1)
1 Zimtstange
300 ml guter Rotwein
100 g Rosinen

Am Vortag die Zwetschgen in ein Sieb geben, mit kaltem Wasser abbrausen und gut abtropfen lassen. Die Zwetschgen halbieren und dabei die Steine entfernen. Die Zwetschgen vierteln und 1,5 kg Fruchtfleisch abwiegen.

Den Ingwer schälen und klein schneiden (6 g). Die Orange heiß waschen, trocken reiben und die Schale dünn abschneiden. Ingwer und Orangenschale mit den Nelken und dem Anisstern in einen Einweg-Teefilter geben und zubinden.

Die vorbereiteten Zwetschgen mit dem Gelierzucker in einem großen Topf mischen. Zimtstange, Rotwein und Gewürzsäckchen dazugeben und zugedeckt über Nacht ziehen lassen.

Am nächsten Tag die Zwetschgen-Zucker-Mischung samt Gewürzen unter Rühren langsam zum Kochen bringen und 5 bis 6 Minuten kochen lassen. Das Gewürzsäckchen und die Zimtstange entfernen und die Zwetschgenmarmelade mit dem Stabmixer nach Belieben grob oder fein pürieren. Die Rosinen unterrühren und die Marmelade in vorbereitete Gläser füllen und gut verschließen.

Mein Tipp:
Bühler Zwetschgen eignen sich besonders gut für Marmelade. Sie können stattdessen auch »Hauszwetschgen«, rote oder blaue Pflaumen verwenden.

Cranberry-Birnen-Marmelade

Zutaten für 4–5 Gläser à 200 ml

ca. 700 g reife, aber nicht zu weiche Santa-Maria-Birnen
1/2 Zitrone
500 g frische Cranberries
350 g Gelierzucker (3:1)
Nelken- und Zimtpulver

Die Birnen vierteln, schälen und die Kerngehäuse entfernen. 600 g Birnenfruchtfleisch abwiegen, in kleine Stücke schneiden und in eine Schüssel geben. Die Zitronenhälfte auspressen und den Saft unter die Birnenstücke mischen.

Die Cranberries verlesen, in ein Sieb geben und kurz mit kaltem Wasser abbrausen. Die Beeren gut abtropfen lassen und mit Küchenpapier oder einem Küchentuch trocken tupfen.

Die Cranberries mit dem Birnenfruchtfleisch und dem Gelierzucker in einem großen Topf mischen und zugedeckt 1,5 Stunden ziehen lassen.

Die Früchte-Zucker-Mischung unter Rühren langsam zum Kochen bringen und 4 bis 5 Minuten kochen lassen. Die Cranberry-Birnen-Marmelade mit dem Stabmixer pürieren und mit je 1 Prise Nelken- und Zimtpulver abschmecken. In vorbereitete Gläser füllen und gut verschließen.

Mein Tipp:
Bei dieser Marmelade empfiehlt es sich besonders, einen Trichter auf die Gläser zu setzen und die Marmelade rasch einzufüllen, da sie sehr schnell fest wird.

Brombeer-Apfel-Marmelade

Zutaten für 5–6 Gläser à 200 ml
1 kg Brombeeren
1/2 Zitrone
1/2 Vanilleschote
ca. 200 g Äpfel (z. B. Jonagold)
3 cl lieblicher Apfelcidre
350 g Gelierzucker (3 : 1)
1 Zimtstange

❋ Die Brombeeren verlesen, in ein Sieb geben und kurz mit kaltem Wasser abbrausen. Die Beeren gut abtropfen lassen und mit Küchenpapier oder einem Küchentuch vorsichtig trocken tupfen.

❋ Die Zitronenhälfte auspressen. Die Vanilleschote der Länge nach aufschneiden und das Mark herauskratzen. Die Äpfel vierteln, schälen und die Kerngehäuse entfernen. 145 g Fruchtfleisch abwiegen, in kleine Stücke schneiden und mit dem Zitronensaft beträufeln. Das Vanillemark und den Cidre unter die Äpfel mischen.

❋ Die Brombeeren mit dem Gelierzucker und der Zimtstange in einem großen Topf mischen. Die Apfelstücke dazugeben, dabei den Cidre zurückbehalten. Die Früchte-Zucker-Mischung unter Rühren langsam zum Kochen bringen und 5 Minuten kochen lassen.

❋ Die Zimtstange entfernen und die Brombeer-Apfel-Marmelade mit dem Stabmixer pürieren. Den restlichen Cidre gut unterrühren, die Marmelade in vorbereitete Gläser füllen und gut verschließen.

Mein Tipp:
Etwas würziger wird die Marmelade, wenn Sie zum Schluss noch etwas Zimt- oder Nelkenpulver unter die Brombeer-Apfel-Masse rühren.

Quittenkonfitüre mit Kaki

Zutaten für ca. 4 Gläser à 200 ml

1,5 kg Quitten

2 reife Kakifrüchte

1/2 Vanilleschote

220 g Gelierzucker (3:1)

- Die Quitten sehr gut waschen, abtropfen lassen und samt Schale und Kerngehäuse in grobe Würfel schneiden. Das Quittenfruchtfleisch mit 1,5 l Wasser in einen Topf geben, zum Kochen bringen und 45 Minuten weich kochen.

- Ein Sieb mit einem Mulltuch auslegen und auf eine passende Schüssel setzen. Die Quitten in das Sieb abgießen, etwas ausdrücken und den Saft auffangen. Ergibt etwa 500 ml Saft.

- Die Kakifrüchte putzen, schälen und das Fruchtfleisch in kleine Würfel schneiden. 170 g Fruchtfleisch abwiegen. Die Vanilleschote der Länge nach aufschneiden und das Mark herauskratzen.

- Den Quittensaft, das Kakifruchtfleisch, das Vanillemark und den Gelierzucker in einem großen Topf mischen. Die Früchte-Zucker-Mischung unter Rühren langsam zum Kochen bringen und 5 Minuten kochen lassen.

- Die Quittenkonfitüre mit dem Stabmixer pürieren, in vorbereitete Gläser füllen und gut verschließen. Nach Belieben können Sie vor dem Abfüllen noch 1 bis 2 EL Sirup von eingelegtem Ingwer (Ginger Nuts) unterrühren.

Mein Tipp:
Weil die Quitten samt Schale gekocht werden, sollten Sie für dieses Rezept nach Möglichkeit Bio-Ware verwenden.

Bananenmarmelade mit weißen Pfirsichen

Zutaten für 6–7 Gläser à 200 ml

- 670 g weißfleischige Pfirsiche
- 330 g Bananen
- Saft von 1/2 Orange
- 280 g Gelierzucker
- 1 EL Bourbon-Vanillezucker

Die Pfirsiche kreuzweise einritzen und kurz in kochendes Wasser tauchen. Die Früchte häuten, halbieren und entsteinen. 600 g Fruchtfleisch abwiegen und in kleine Stücke schneiden.

Die Bananen schälen, 250 g Fruchtfleisch abwiegen und in 1/2 cm dicke Scheiben schneiden. Mit dem Orangensaft, dem Pfirsichfruchtfleisch und den beiden Zuckersorten in einem Topf mischen und zugedeckt etwa 2 Stunden ziehen lassen.

Die Früchte-Zucker-Mischung unter Rühren langsam zum Kochen bringen und etwa 5 Minuten kochen. Die Marmelade pürieren, in vorbereitete Gläser füllen und gut verschließen.

Zutaten für 6–7 Gläser à 200 ml

- 1 kg Bananenfruchtfleisch
- 500 ml frisch gepresster Orangensaft
- 500 g Gelierzucker (3:1)
- 2 cl Stroh-Rum

Bananenmarmelade (Grundrezept)

Das Bananenfruchtfleisch in 1/2 cm dicke Scheiben schneiden. Mit dem Orangensaft und dem Gelierzucker in einem großen Topf mischen, unter Rühren langsam zum Kochen bringen und 5 Minuten kochen. Die Bananenmasse pürieren, den Rum unterrühren, in vorbereitete Gläser füllen und gut verschließen.

Mein Tipp:
Am besten sind reife Bananen ohne braune Flecken. Überreife Früchte geben einen unangenehmen Geschmack, unreife führen zu einer festen Konsistenz.

Marmelade aus exotischen Früchten

Zutaten für ca. 3 Gläser à 200 ml

- **1 reife, faserfreie Mango**
- **1/2 kleine Papaya**
- **1 reife Ananas**
- **1/2 Banane**
- **30 g Kumquats**
- **220 g brauner Zucker**
- **1 cl Kokoslikör**

❋ Das Mangofruchtfleisch in breiten Streifen vom Stein schneiden, schälen und 170 g abwiegen. Die Papaya entkernen, schälen und 50 g Fruchtfleisch abwiegen.

❋ Die Ananas putzen, der Länge nach vierteln und den harten Strunk entfernen. Die Ananasviertel schälen und 350 g Fruchtfleisch abwiegen. Die Banane schälen und 40 g Fruchtfleisch abwiegen. Die Kumquats waschen und trocken reiben, halbieren und entkernen.

❋ Die exotischen Früchte in sehr kleine Stücke schneiden und in einen Topf geben. Den braunen Zucker dazugeben, untermischen und die Früchte zugedeckt 1 Stunde ziehen lassen.

❋ Die Früchte-Zucker-Mischung unter Rühren langsam zum Kochen bringen und 5 Minuten kochen lassen. Zuletzt den Kokoslikör unter die Exotenmarmelade rühren, die Marmelade in vorbereitete Gläser füllen und gut verschließen. Bei kühler und dunkler Lagerung hält sich die Marmelade etwa 10 Wochen.

Mein Tipp:
Aus den gleichen Fruchtanteilen, aber mit 30 g Banane, 190 g Gelierzucker, 1 EL Kokosmilch und 1 cl weißem Rum lässt sich eine leckere Marmelade zaubern.

Orangenmarmelade mit Campari

Zutaten für 7–8 Gläser à 200 ml

- **1,3 kg Orangen**
- **1,2 kg Blutorangen (ersatzweise 500 ml Blutorangensaft aus dem Kühlregal)**
- **500 g Gelierzucker (3:1)**
- **2 cl Campari (ital. Kräuterlikör)**

❊ Die Orangen mit einem scharfen Messer so großzügig schälen, dass auch die weiße Haut vollständig entfernt ist. 1 kg Orangen abwiegen und die Früchte ohne die inneren weißen harten Trennhäute in mittelgroße Stücke schneiden. Oder nach Belieben die Orangenfilets aus den Trennhäuten lösen und in Stücke schneiden.

❊ Die Blutorangen halbieren und auspressen. 500 ml Orangensaft abmessen und in einen großen Topf geben.

❊ Die Orangenstücke und den Gelierzucker mit dem Blutorangensaft im Topf mischen. Die Früchte-Zucker-Mischung unter Rühren langsam zum Kochen bringen und 5 Minuten kochen lassen.

❊ Die Orangenmarmelade mit dem Stabmixer pürieren und den Campari untermischen. Die Marmelade in vorbereitete Gläser füllen und gut verschließen.

Mein Tipp:
In der Blutorangensaison (Ende November bis Anfang März) verwenden Sie diese als Früchte und den Saft süßer Orangen. Oder Sie nehmen nur Blutorangen.

Birnenmarmelade mit getrockneten Feigen

Zutaten für ca. 2 Gläser à 200 ml

- **200 g getrocknete Softfeigen**
- **500 g saftige Williams-Christ-Birnen**
- **1 TL Zitronensaft**
- **1/2 Vanilleschote**
- **2 Zimtstangen**
- **190 g Gelierzucker (3:1)**
- **20 g brauner Zucker**
- **1,5 cl roter Portwein**

Die Feigen klein schneiden und in eine große Schüssel geben. Die Birnen vierteln, schälen und die Kerngehäuse entfernen. 450 g Fruchtfleisch abwiegen. Die Birnenviertel in kleine Stücke schneiden, mit dem Zitronensaft beträufeln und mit den Feigenstücken vermischen.

Die Vanilleschote der Länge nach aufschneiden und das Mark herauskratzen. Das Vanillemark und die -schote mit den Zimtstangen und dem Gelierzucker unter die Birnen und die Feigen mischen. Alles zugedeckt 1 Stunde ziehen lassen.

Den braunen Zucker in einem großen Topf bei kleiner Hitze schmelzen lassen. Die vorbereitete Früchte-Zucker-Mischung dazugeben und unter Rühren langsam zum Kochen bringen. 4 bis 5 Minuten kochen lassen.

Die Vanilleschote und die Zimtstangen entfernen und die Marmelade mit dem Stabmixer pürieren. Den Portwein unterrühren, die Birnenmarmelade mit getrockneten Feigen in vorbereitete Gläser füllen und gut verschließen.

Mein Tipp:
Statt mit braunem Zucker können Sie die Birnenmarmelade auch mit 1 EL gutem Waldhonig zubereiten, dadurch wird sie im Geschmack etwas herber.

Apfelmarmelade mit Walnüssen

Zutaten für 2–3 Gläser à 200 ml

- 1/2 Bio-Zitrone
- 1/2 Bio-Orange
- ca. 400 g Äpfel (z. B. Jonagold)
- 140 g Gelierzucker (3 : 1)
- 1 Zimtstange
- 15 g Walnusskerne
- 1 EL Bourbon-Vanillezucker
- 4–5 Tropfen Bittermandelöl

✻ Die Zitrone und die Orange heiß waschen und trocken reiben. Von jeder Frucht etwa die Hälfte der Schale fein abreiben. Die Zitronenhälfte auspressen.

✻ Die Äpfel vierteln, schälen und die Kerngehäuse entfernen. 280 g Fruchtfleisch abwiegen und in kleine Würfel schneiden. In einen Topf geben und mit dem Zitronensaft, den Zitrusschalen und dem Gelierzucker mischen. 150 ml Wasser angießen und die Zimtstange dazugeben. Die Äpfel-Zucker-Mischung unter Rühren langsam zum Kochen bringen und 5 bis 6 Minuten kochen lassen.

✻ Die Walnüsse grob hacken. Den Vanillezucker in einer kleinen Pfanne schmelzen lassen, die Walnüsse hinzufügen und unter Rühren karamellisieren.

✻ Die Zimtstange entfernen und die Apfelmarmelade mit dem Stabmixer pürieren. Die karamellisierten Walnüsse und das Bittermandelöl unterrühren, die Marmelade in vorbereitete Gläser füllen und gut verschließen. Die Haltbarkeit dieser Marmelade ist durch die Walnüsse begrenzt – Sie sollten sie möglichst bald verzehren.

Mein Tipp:
Die Walnüsse und das Bittermandelöl können Sie auch durch 2 TL Rosenwasser (aus der Apotheke) ersetzen.

Kürbis-Orangen-Marmelade mit Ingwer

Zutaten für ca. 4 Gläser à 200 ml

etwa 900 g Muskatkürbis
4 Bio-Orangen
10 g in Sirup eingelegter Ingwer (Ginger Nut)
1/2 EL Bourbon-Vanillezucker
230 g Gelierzucker (3:1)
1/2 Zitrone

❊ Zwei Tage vorher den Kürbis mit einem Esslöffel von den Kernen befreien und das Fruchtfleisch schälen. 610 g abwiegen und auf der Gemüsereibe grob in einen großen Topf raspeln.

❊ Die Orangen heiß waschen und trocken reiben. Die Schalen mit dem Sparschäler dünn abschneiden und 45 g Schale abwiegen. 3 Orangen halbieren, den Saft auspressen und 140 ml Orangensaft abmessen. Die vierte Orange so schälen, dass die weiße Haut vollständig entfernt ist. 60 g Orangenfilets aus den Trennhäuten lösen. Alles zu den Kürbisraspeln geben.

❊ Den Ingwer in sehr feine Stücke schneiden und mit 3/4 TL Ingwersirup und dem Vanillezucker zur Kürbis-Orangen-Mischung geben. 1 EL Gelierzucker untermischen und zugedeckt an einem kühlen Ort 48 Stunden ziehen lassen.

❊ Die Zitrone auspressen und 25 ml Saft abmessen. Mit dem restlichen Gelierzucker zum Kürbis geben, unter Rühren langsam zum Kochen bringen und 5 Minuten kochen lassen. Die Orangenschalen entfernen. Die Marmelade nach Belieben pürieren und in vorbereitete Gläser füllen und gut verschließen.

Mein Tipp:
Der eingelegte Ingwer rundet den Geschmack der Marmelade perfekt ab. Wer ihn nicht bekommt, verwendet stattdessen frischen Ingwer.

Birnenmarmelade mit Lebkuchengewürz

Zutaten für ca. 3 Gläser à 200 ml

- **1 1/2 Zitronen**
- **750 g reife, aber nicht zu weiche Santa-Maria-Birnen**
- **200 g Gelierzucker (3:1)**
- **1 EL Bourbon-Vanillezucker**
- **5 Zimtblüten (aus dem Gewürzladen)**
- **1 Anisstern**
- **3 Pimentkörner**
- **1 Zimtstange**
- **3 Tropfen Bittermandelöl**

Die Zitronen halbieren, den Saft auspressen und 65 ml abmessen. Die Birnen vierteln, schälen und die Kerngehäuse entfernen. 560 g Fruchtfleisch abwiegen und in kleine Stücke schneiden. In einen großen Topf geben und mit dem Zitronensaft, dem Gelierzucker und dem Vanillezucker mischen. Die Birnen-Zucker-Mischung zugedeckt 1 Stunde ziehen lassen.

Alle Gewürze, mit Ausnahme der Zimtstange, in einen Einweg-Teefilter geben und mit Küchengarn zubinden. Die Gewürze mit dem Nudelholz etwas andrücken.

Das Gewürzsäckchen, die Zimtstange und das Bittermandelöl zu der Birnen-Zucker-Mischung geben, unter Rühren langsam zum Kochen bringen und 6 Minuten kochen. Das Gewürzsäckchen und die Zimtstange entfernen, die Birnenmarmelade mit dem Stabmixer pürieren, in vorbereitete Gläser füllen und gut verschließen.

Mein Tipp:
Einen intensiveren Lebkuchengeschmack erhalten Sie, wenn Sie vor dem Pürieren 1/2 TL reines Lebkuchengewürz aus dem Bio-Laden dazugeben.

Wintermarmelade

Zutaten für 8–9 Gläser à 200 ml

- 80 g ungeschwefelte Rosinen
- 2 cl brauner Rum
- 750 g tiefgefrorene Schattenmorellen (entsteint)
- 750 g tiefgefrorene Zwetschgen (entsteint)
- 450 g Navel-Orangen
- 1 1/2 Anissterne
- 7 Nelken
- 1/2 TL Zimtpulver
- 550 g Gelierzucker (3:1)
- 1 EL Bourbon-Vanillezucker
- 2 TL Honig

Am Vortag die Rosinen in eine kleine Schüssel geben, mit dem Rum übergießen und zugedeckt ziehen lassen. Die unaufgetauten Schattenmorellen und die Zwetschgen in einen großen Topf geben. Eine Orange halbieren, auspressen und den Saft über die gefrorenen Früchte träufeln.

Die restlichen Orangen mit einem scharfen Messer so großzügig schälen, dass auch die weiße Haut vollständig entfernt ist. Die Orangenfilets aus den Trennhäuten lösen, 250 g Fruchtfilets abwiegen und zu den Schattenmorellen und Zwetschgen geben.

Die Anissterne und die Nelken in einen Einweg-Teefilter geben, mit Küchengarn zubinden und mit dem Zimtpulver zu den Früchten geben. Den Gelierzucker und den Vanillezucker darüberstreuen. Kühl stellen und zugedeckt über Nacht ziehen lassen.

Am nächsten Tag die Früchte-Zucker-Mischung unter Rühren langsam zum Kochen bringen und 5 Minuten kochen lassen. Das Gewürzsäckchen entfernen und die Marmelade mit dem Stabmixer pürieren. Den Honig unterrühren, die Wintermarmelade in vorbereitete Gläser füllen und gut verschließen.

Mein Tipp:
Wer die Marmelade noch würziger mag, kann kleine Ingwerstücke oder andere Weihnachtsgewürze wie Kardamom- oder Pimentpulver untermischen.

Kalt gerührte Brombeermarmelade mit Mandeln

Zutaten für 4–5 Gläser à 200 ml

900 g Brombeeren
5 Nelken
2 Zimtstangen
300 g Gelierzucker (3:1)
1/2 TL Honig
50 g Mandelblättchen
40 g Bourbon-Vanillezucker

❊ Die Brombeeren verlesen, in ein Sieb geben und kurz mit kaltem Wasser abbrausen. Die Beeren gut abtropfen lassen und mit Küchenpapier oder einem Küchentuch vorsichtig trocken tupfen. Die Brombeeren in einer Schüssel mit einer Gabel oder dem Kartoffelstampfer etwas zerdrücken.

❊ Nelken und Zimtstangen in einen Einweg-Teefilter geben, mit Küchengarn zubinden und zu den zerdrückten Beeren in die Schüssel legen. Den Gelierzucker untermischen und alles etwa 2,5 Stunden zugedeckt ziehen lassen.

❊ Das Gewürzsäckchen entfernen. Die Brombeermasse und den Honig mit dem Handrührgerät oder in der Küchenmaschine 15 bis 20 Minuten verrühren, bis eine cremige Masse entstanden ist. Falls die Masse zu flüssig ist, etwa 1 schwach gehäuften TL Apfelpektin (aus dem Reformhaus) dazugeben.

❊ Die Mandelblättchen in einer beschichteten Pfanne ohne Fett bei mittlerer Hitze hellbraun anrösten. Den Vanillezucker darüberstreuen und unter Rühren goldgelb karamellisieren. Danach die Mandeln unter die Marmelade rühren. Die Brombeermarmelade in vorbereitete Gläser füllen und gut verschließen. Die Marmelade im Kühlschrank bis zum Verzehr 6 bis 8 Stunden ruhen lassen. Sie hält sich im Kühlschrank aufbewahrt etwa 1 Woche.

Mein Tipp:
Sie können hier frische oder tiefgefrorene Beeren verwenden. Die Marmelade eignet sich auch sehr gut für Quarkspeisen oder als Zutat in Müslis.

Kalt gerührte Himbeermarmelade mit Schokolade

Zutaten für 4–5 Gläser à 200 ml

500 g Himbeeren
1/2 Zitrone
250 g Gelierzucker (3:1)
20 g Bitterschokolade (70 % Kakaoanteil, beste Qualtät)

❋ Die Himbeeren verlesen, in ein Sieb geben und kurz mit kaltem Wasser abbrausen. Die Beeren gut abtropfen lassen und mit Küchenpapier oder einem Küchentuch vorsichtig trocken tupfen. Die Himbeeren in einer Schüssel mit einer Gabel oder dem Kartoffelstampfer etwas zerdrücken.

❋ Die Zitronenhälfte auspressen und den Saft mit dem Gelierzucker zu den zerdrückten Himbeeren geben. Die Himbeermasse mit dem Handrührgerät oder in der Küchenmaschine etwa 20 Minuten verrühren, bis eine cremige Masse entstanden ist.

❋ Die Bitterschokolade nach Belieben in grobe oder sehr feine Stücke hacken und unter die Himbeermarmelade rühren. Die Himbeermarmelade in vorbereitete Gläser füllen und gut verschließen.

❋ Die Marmelade im Kühlschrank bis zum Verzehr 6 bis 8 Stunden ruhen lassen. Sie hält sich im Kühlschrank höchstens 10 Tage.

Mein Tipp:
Diese Marmelade lässt sich statt mit dunkler Schokolade auch mit gehackten Pistazien, Nougat oder kleinen Krokantstückchen verfeinern.

Kalt gerührte Sommerfruchtkonfitüre

Zutaten für 4–5 Gläser à 200 ml

- **1 kleine Honigmelone**
- **360 g Pfirsiche**
- **250 g Brombeeren**
- **250 g Gelierzucker (3:1)**
- **1 cl Grand Marnier (Orangenlikör)**

Die Honigmelone halbieren, mit einem Esslöffel die Kerne entfernen und die Melone schälen. 200 g Fruchtfleisch abwiegen und in kleine Stücke schneiden. Die Pfirsiche kreuzweise einritzen und kurz in kochendes Wasser tauchen. Die Pfirsiche häuten, halbieren und entsteinen. 310 g Fruchtfleisch abwiegen und die Pfirsichhälften in kleine Stücke schneiden.

Die Brombeeren verlesen, in ein Sieb geben und kurz mit kaltem Wasser abbrausen. Die Beeren gut abtropfen lassen und mit Küchenpapier oder einem Küchentuch vorsichtig trocken tupfen. Die Brombeeren in einer großen Schüssel mit einer Gabel oder dem Kartoffelstampfer etwas zerdrücken.

Die Melonen- und Pfirsichstücke und den Gelierzucker zur Brombeermasse geben und zugedeckt etwa 1 Stunde ziehen lassen.

Die Früchte-Zucker-Mischung mit dem Handrührgerät oder in der Küchenmaschine etwa 15 Minuten verrühren, bis eine cremige Masse entstanden ist. Den Grand Marnier unterrühren, die Konfitüre in vorbereitete Gläser füllen und gut verschließen. Bis zum Verzehr im Kühlschrank 6 bis 8 Stunden ruhen lassen. Die Konfitüre kühl und dunkel aufbewahren, sie ist höchstens 10 Tage haltbar.

Mein Tipp:
Wer mag, peppt die Konfitüre mit 1 cl Rum und 1 Prise Zimtpulver auf. Sie können die Konfitüre auch zum Aromatisieren von Buttermilch verwenden.

Kalt gerührte Kiwimarmelade mit Bananen

Zutaten für 3–4 Gläser à 200 ml

1/2 Orange

260 g Bananen

230 g Kiwis

120 g Gelierzucker (3:1)

2 cl brauner oder weißer Rum

1 EL frische Kokosraspel

Die Orange auspressen. Die Bananen schälen, 170 g Fruchtfleisch abwiegen und in kleine Stücke schneiden. Die Bananenstücke in eine Schüssel geben und mit dem Orangensaft mischen.

Die Kiwis schälen und der Länge nach vierteln. Den harten Mittelstrunk entfernen und 200 g Fruchtfleisch abwiegen. Das Kiwifruchtfleisch ebenfalls in kleine Stücke schneiden und mit dem Gelierzucker zu den Bananen geben. Alles mit dem Kartoffelstampfer etwas zerdrücken.

Die Früchte-Zucker-Mischung mit dem Handrührgerät oder in der Küchenmaschine etwa 15 Minuten verrühren, bis eine cremige Masse entstanden ist.

Den Rum und die Kokosraspel unter die Kiwi-Bananen-Marmelade rühren, in vorbereitete Gläser füllen und gut verschließen. Die Marmelade 6 bis 8 Stunden im Kühlschrank ruhen lassen. Sie hält sich im Kühlschrank höchstens 8 Tage.

Mein Tipp:
Diese Marmelade schmeckt auch Kindern sehr gut. Dann sollten Sie aber den Rum weglassen oder durch Rumaroma ersetzen.

Gelees

Apfelgelee mit Calvados-Rosinen und Mandeln

Zutaten für 3 Gläser à 100 ml

1/2 Zitrone	
1 kg säuerliche Äpfel (z. B. Elstar)	
1 EL Zucker	
50 g ungeschwefelte Rosinen	
3 cl Calvados	
1/2 Vanilleschote	
150 g Gelierzucker (3 : 1)	
1 Zimtstange	
ca. 1 EL Mandelblättchen (10 g)	

❊ Die Zitronenhälfte auspressen. Die Äpfel waschen, vierteln und in einem Topf mit dem Zitronensaft und dem Zucker mischen. Kühl stellen und zugedeckt 2 bis 3 Stunden ziehen lassen.

❊ Die Rosinen mit dem Calvados übergießen und zugedeckt etwas ziehen lassen. Die Vanilleschote der Länge nach aufschneiden, das Mark herauskratzen und unter die Calvados-Rosinen mischen.

❊ Die Äpfel mit 300 ml Wasser aufgießen, unter Rühren langsam zum Kochen bringen und 20 Minuten kochen, bis die Äpfel weich sind. Die Äpfel durch ein Haarsieb gießen und den Saft auffangen. Die Äpfel nicht ausdrücken, sonst wird das Gelee trüb.

❊ Den Apfelsaft (250 ml) mit dem Gelierzucker, der Vanilleschote und dem Zimt in einem Topf mischen, zum Kochen bringen und 4 Minuten kochen lassen. Die Vanilleschote und die Zimtstange entfernen. Die Calvados-Rosinen dazugeben, die Saftmischung nochmals aufkochen lassen.

❊ Die Mandelblättchen auf die vorbereiteten Gläser verteilen, dann das Apfelgelee einfüllen und gut verschließen. Während das Gelee abkühlt, die Gläser mehrmals umdrehen, damit sich Rosinen und Mandelblättchen gut verteilen.

Mein Tipp:
Sie können die Mandelblättchen auch in einer Pfanne ohne Fett anrösten, mit etwas Zucker karamellisieren und zuletzt unter das Apfelgelee rühren.

Himbeergelee auf Pfirsichmarmelade

Zutaten für 6–7 Gläser à 200 ml

- ca. 1 kg gelbfleischige Pfirsiche
- 1/2 Vanilleschote
- Saft von 1/2 Zitrone
- 425 g Gelierzucker (3:1)
- 650 g Himbeeren
- 1 EL Zucker
- 1 Zimtstange

❊ Die Pfirsiche kreuzweise einritzen und kurz blanchieren. Die Pfirsiche häuten, entsteinen, 990 g Fruchtfleisch abwiegen, in kleine Stücke schneiden und in einen Topf geben. Die Vanilleschote längs aufschneiden und das Mark herauskratzen. Zitronensaft, Vanillemark und -schote und 330 g Gelierzucker mit den Pfirsichstücken mischen und zugedeckt 30 Minuten ziehen lassen.

❊ Die Himbeeren verlesen, in ein Sieb geben und kurz mit kaltem Wasser abbrausen. Abtropfen lassen und mit Küchenpapier oder einem Küchentuch vorsichtig trocken tupfen. Die Himbeeren mit einer Gabel andrücken, mit 1 EL Zucker und 2 EL Wasser langsam aufkochen. Die Masse durch ein Haarsieb gießen (nicht drücken, sonst wird das Gelee trüb) und 250 ml Himbeersaft abmessen. Mit dem restlichen Gelierzucker und dem Zimt in einen Topf geben.

❊ Die Pfirsich-Zucker-Mischung zum Kochen bringen und 5 bis 6 Minuten kochen lassen. Die Vanilleschote entfernen, die Pfirsichmarmelade pürieren und die vorbereiteten Gläser bis zur Hälfte damit füllen.

❊ Die Himbeersaft-Zucker-Mischung ebenfalls zum Kochen bringen und 5 Minuten kochen lassen. Die Zimtstange aus dem Himbeergelee entfernen. Das Himbeergelee mithilfe einer Schöpfkelle und einem Trichter langsam und vorsichtig in die Mitte auf die Pfirsichmarmelade geben, sodass sich zwei Schichten ergeben. Die Gläser gut verschließen.

Mein Tipp:
Statt Pfirsiche können Sie auch Aprikosen oder Nektarinen verwenden. Das Gelee mit der Marmelade ist bei kühler Lagerung etwa 3 Monate haltbar.

Erdbeergelee mit kandierten Orangenschalen

Zutaten für 3 Gläser à 200 ml

3 Bio-Orangen
Mark von 1 Vanilleschote
115 g Zucker
1 kg Erdbeeren
150 g Gelierzucker (3:1)
Saft von 1/2 Zitrone

❊ Die Orangen heiß waschen und trocken reiben, halbieren, auspressen, den Saft anderweitig verwenden. Die Orangenschalen vom restlichen Fruchtfleisch befreien, vierteln, in kochendem Wasser 6 Minuten blanchieren und in ein Sieb abgießen. Vanillemark mit 300 ml Wasser und 100 g Zucker aufkochen und die Orangenschalen darin bei kleiner Hitze zugedeckt 1 Stunde köcheln lassen.

❊ Die Orangenschalen im Sud abkühlen und 24 Stunden ziehen lassen. Dann nochmals 5 Minuten kochen. Den Vorgang am nächsten Tag wiederholen. 60 g kandierte Orangenschalen in sehr feine Streifen schneiden. Die restlichen Orangenschalen in ein Einmachglas geben und mit dem übrigen Sirup übergießen.

❊ Erdbeeren waschen, putzen und gut abtropfen lassen. Die Beeren vierteln, in einen Topf geben und mit einer Gabel zerdrücken. 1 EL Zucker dazugeben und zugedeckt 2 Stunden ziehen lassen.

❊ Die Erdbeeren mit 100 ml Wasser zum Kochen bringen und 10 Minuten kochen. Durch ein Haarsieb gießen und den Saft auffangen. 500 ml Erdbeersaft mit Gelierzucker und Zitronensaft zum Kochen bringen und 2 Minuten kochen lassen. Die kandierten Orangenschalen hinzufügen und weitere 2 Minuten kochen. Das Erdbeergelee in vorbereitete Gläser füllen und gut verschließen.

Mein Tipp:
Die kandierten Orangenschalen in Sirup sind gut verschlossen und im Kühlschrank gelagert bis zu 1 Monat haltbar.

Grapefruitgelee mit Aperol

Zutaten für 4 Gläser à 200 ml

- 900 g Grapefruits
- 500 g Orangen
- 200 g Gelierzucker (3:1)
- 1 cl Aperol (ital. Aperitiflikör)

❊ Die Grapefruits und die Orangen halbieren und die Früchte getrennt voneinander auspressen. Vom Grapefruitsaft 400 ml und vom Orangensaft 200 ml abmessen.

❊ Die Fruchtsäfte durch ein Haarsieb gießen, nach Belieben das Fruchtfleisch ohne die Kerne wieder zu den Säften geben. Den Zitrussaft in einem Topf mit dem Gelierzucker mischen und unter Rühren langsam aufkochen.

❊ Die Fruchtsaft-Zucker-Mischung 3 Minuten kochen lassen, dann den Aperol dazugeben und 1 weitere Minute kochen.

❊ Bei Bedarf den entstandenen Schaum mit dem Schaumlöffel abschöpfen. Das Grapefruitgelee mit Aperol in vorbereitete Gläser füllen und gut verschließen.

Mein Tipp:
Aperol ist ein leichter italienischer Bitter, der aus Enzian, Rhabarber, Orangenauszügen und Kräutern sowie natürlichen Farbstoffen hergestellt wird.

Pomeranzengelee

Zutaten für ca. 7 Gläser à 200 ml

ca. 2 kg Bio-Pomeranzen (ca. 11 Stück)
340 g Saftorangen
330 g Gelierzucker (3:1)

❊ Zwei Pomeranzen heiß waschen und trocken reiben. Von einer Pomeranze die Schale so fein wie möglich (z. B. mit einer Muskatreibe) abreiben, von der anderen Pomeranze die Schale mit einem Zestenreißer abziehen. Alternativ die Schale mit einem scharfen Messer dünn abschälen und in sehr feine Streifen schneiden.

❊ Alle Pomeranzen und die Orangen halbieren, getrennt voneinander auspressen und die Säfte auffangen. 850 ml Pomeranzensaft und 150 ml Orangensaft abmessen.

❊ Den Pomeranzen- und den Orangensaft in einen Topf geben und den Gelierzucker hinzufügen. Die fein abgeriebene Pomeranzenschale und die Pomeranzenzesten dazugeben, die Mischung langsam zum Kochen bringen und 5 Minuten sprudelnd kochen lassen.

❊ Den entstandenen Schaum mit dem Schaumlöffel abschöpfen, das Pomeranzengelee in die vorbereiteten Gläser füllen und gut verschließen. Nach Belieben können Sie vor dem Abfüllen noch 2 EL Grand Marnier (Orangenlikör), Vanillemark oder Sanddornmark mit Honig (aus dem Reformhaus) unterrühren.

Mein Tipp:
Pomeranzen sind Bitterorangen, die für den Rohverzehr nicht geeignet sind. Die kernreichen Orangen bekommen Sie nur im Januar und Februar.

Limettengelee mit Basilikum

Zutaten für 3 Gläser à 200 ml

ca. 1 kg Bio-Limetten (ca. 10 Stück)
15 g brauner Zucker
200 g Gelierzucker (3:1)
3 Basilikumblätter
1–2 cl Wodka

❊ Eine Limette heiß waschen und trocken reiben. Mit dem Zestenreißer etwa 1/2 EL Limettenschale abziehen oder einen Streifen Schale dünn abschneiden und in feine Streifen schneiden. Alle Limetten halbieren und auspressen, 500 ml Saft abmessen.

❊ Den Limettensaft, den braunen Zucker und den Gelierzucker in einen Topf geben, unter Rühren langsam zum Kochen bringen und 2 Minuten sprudelnd kochen lassen. Die Limettenzesten hinzufügen und die Saftmischung weitere 2 Minuten kochen lassen.

❊ Die Basilikumblätter von den Stielen zupfen, waschen und mit Küchenpapier trocken tupfen. Die Blätter in feine Steifen schneiden und auf die vorbereiteten Gläser verteilen.

❊ Den Wodka unter das Limettengelee rühren, das Gelee in die Gläser füllen und gut verschließen. Während das Gelee abkühlt, die Gläser mehrmals umdrehen, damit sich die Basilikumstreifen schön verteilen. Das Gelee ist mit den frischen Kräutern gut gekühlt etwa 3 Monate haltbar.

Mein Tipp:
Sie können das Gelee auch mit 1 Msp. Vanillemark kochen und 20 g gehackte weiße Schokolade unterrühren. Dann das Basilikum durch Minzeblätter ersetzen.

Gelee von Weißen Johannisbeeren und Riesling

Zutaten für 5–6 Gläser à 200 ml

1 kg Weiße Johannisbeeren
1/2 Bio-Zitrone
2 EL Zucker
200 ml Apfelsaft
200 ml Riesling Spätlese (oder ein anderer lieblicher Weißwein)
300 g Gelierzucker (3:1)
1 Zimtstange

❊ Die Johannisbeeren verlesen, in ein Sieb geben und kurz mit kaltem Wasser abbrausen. Die Beeren gut abtropfen lassen und mit einer Gabel von den Rispen streifen.

❊ Die Johannisbeeren in einem Topf mit einer Gabel oder mit dem Kartoffelstampfer etwas zerdrücken. Die Zitrone heiß waschen, trocken reiben und in dicke Scheiben schneiden. Mit dem Zucker zu den Beeren geben und zugedeckt 1 Stunde ziehen lassen.

❊ Die Johannisbeeren unter Rühren langsam zum Kochen bringen, 5 Minuten kochen lassen, durch ein Haarsieb gießen und den Saft auffangen (nicht drücken, der Saft wird sonst trüb). 600 ml Johannisbeersaft abmessen.

❊ Den Johannisbeersaft mit den Zitronenscheiben, dem Apfelsaft, dem Weißwein, dem Gelierzucker und der Zimtstange unter Rühren langsam zum Kochen bringen. 4 Minuten sprudelnd kochen lassen.

❊ Die Zitronenscheiben und den Zimt entfernen und das Johannisbeergelee in vorbereitete Gläser füllen und gut verschließen.

Mein Tipp:
Sollten Sie keine Riesling Spätlese bekommen, können Sie auch einen anderen lieblichen oder halbtrockenen Weißwein für das Gelee verwenden.

Rotweingelee

Zutaten für 3 Gläser à 200 ml

- 500 g rote Bio-Weintrauben
- 120 g Rote Johannisbeeren
- Saft von 1 Zitrone
- 750 ml Rotwein (fruchtig)
- 1 Zimtstange
- 2 Pimentkörner
- Schale von 1/4 Bio-Zitrone
- 200 g Gelierzucker (3:1)
- 2 cl Cognac (franz. Weinbrand)

❉ Die Trauben in ein Sieb geben und gründlich mit kaltem Wasser abbrausen. Die Beeren gut abtropfen lassen, von den Stielen zupfen und halbieren. Die Johannisbeeren verlesen, in ein Sieb geben und kurz mit kaltem Wasser abbrausen. Die Beeren gut abtropfen lassen und mit einer Gabel von den Rispen streifen.

❉ Die Trauben und Johannisbeeren mit dem Zitronensaft, dem Rotwein und 100 ml Wasser in einen Topf geben. Nach Belieben den Saft von 1 Orange hinzufügen. Die Zimtstange, den Piment und die Zitronenschale dazugeben und die Beeren-Wein-Mischung unter Rühren langsam zum Kochen bringen und etwa 2 Minuten sprudelnd kochen lassen. Dann den Rotweinsud bei kleiner Hitze etwa 40 Minuten köcheln lassen.

❉ Ein Sieb mit Mullstoff auslegen und die Beeren-Wein-Mischung in das Sieb gießen und gut abtropfen lassen. Die Beeren nur leicht ausdrücken. 600 ml Saft abmessen.

❉ Den Saft in einem Topf mit dem Gelierzucker und dem Cognac mischen, nochmals aufkochen und 4 Minuten kochen lassen. Das Rotweingelee in vorbereitete Gläser füllen und gut verschließen.

Mein Tipp:
Sie können die Roten Johannisbeeren auch durch Weiße Beeren ersetzen und das Gelee dann statt mit Cognac mit weißem Portwein verfeinern.

Gelee von Schwarzen Johannisbeeren mit Birne

Zutaten für 3 Gläser à 200 ml

400 g Schwarze Johannisbeeren
1 EL Zucker
1 Bio-Zitrone
100 ml Holunderbeerensaft (ungesüßt)
25 ml Apfelsaft
3 cl roter Portwein
1 Zimtstange
1 reife Forellen-Birne
1 EL Bourbon-Vanillezucker
145 g Gelierzucker (3:1)

❊ Die Johannisbeeren verlesen, in ein Sieb geben und kurz mit kaltem Wasser abbrausen. Die Beeren gut abtropfen lassen und mit einer Gabel von den Rispen streifen. Die Johannisbeeren in einem Topf mit einer Gabel oder dem Kartoffelstampfer etwas zerdrücken. Mit dem Zucker mischen und zugedeckt 1 Stunde ziehen lassen.

❊ Die Zitrone heiß waschen, trocken reiben und in dicke Scheiben schneiden. Die Johannisbeeren unter Rühren langsam zum Kochen bringen, 5 Minuten kochen lassen und durch ein Haarsieb gießen. 300 ml Johannisbeersaft abmessen.

❊ Den Johannisbeersaft mit den Zitronenscheiben, dem Holunderbeerensaft, dem Apfelsaft, dem Portwein und der Zimtstange zum Kochen bringen und 3 Minuten sprudelnd kochen lassen.

❊ Die Birne vierteln, schälen, entkernen und 120 g Fruchtfleisch abwiegen. Das Birnenfruchtfleisch in kleine Würfel schneiden und mit der Hälfte des Vanillezuckers mischen.

❊ Den Johannisbeersaft durch ein Sieb in einen weiteren Topf gießen, die Birne, den restlichen Vanillezucker und den Gelierzucker hinzufügen, zum Kochen bringen und 6 bis 8 Minuten kochen lassen. Das Gelee in vorbereitete Gläser füllen und gut verschließen.

Mein Tipp:
Mit dem Gelee kann auch eine Nachspeise zubereitet werden: Vanillequark in Mürbeteigschiffchen füllen und etwas Gelee daraufgeben.

Zwetschgengelee

❋ Die Zwetschgen in einen Topf geben. Zitrone auspressen (Schale aufheben). Den Saft mit 500 ml Apfelsaft und dem Zucker zu den Zwetschgen geben. Kühl stellen, zugedeckt über Nacht ziehen lassen.

❋ Zwetschgen zum Kochen bringen und 45 Minuten zugedeckt köcheln lassen. Nach 20 Minuten Garzeit den Kandiszucker unterrühren. 650 ml Zwetschgensaft durch ein Haarsieb in einen Topf gießen. Ausgepresste Zitronenhälfte waschen, trocken reiben und die Schale dünn abschälen. Zitronenschale mit dem restlichen Apfelsaft und dem Gelierzucker zum Zwetschgensaft geben, zum Kochen bringen und 5 Minuten kochen lassen. Zitronenschale entfernen, Zwetschgengelee nach Belieben mit 1 bis 2 EL Holunderbeerensaft verfeinern, in Gläser füllen und gut verschließen.

Zutaten für 5–6 Gläser à 200 ml

1,5 kg Zwetschgen (gewaschen, geviertelt und entsteint)

1/2 Bio-Zitrone

650 ml naturtrüber Apfelsaft

1 EL Zucker

30 g brauner Krümelkandiszucker

270 g Gelierzucker (3 : 1)

Zwetschgengelee mit Wildgewürz

❋ Zwetschgensaft, wie oben beschrieben, herstellen. 650 ml abmessen und mit dem Rotwein in einen Topf geben. Die Gewürze ohne die Zitronenschale in einen Einweg-Teefilter geben, zubinden, leicht andrücken und mit dem Gelierzucker und der Zitronenschale zur Saft-Wein-Mischung geben. Alles zum Kochen bringen, 5 Minuten sprudelnd kochen lassen, das Gewürzsäckchen und die Zitronenschale entfernen. Das Gelee in vorbereitete Gläser füllen und gut verschließen. Dieses Gelee passt sehr gut zu Wildterrinen.

Zutaten für 5–6 Gläser à 200 ml

300 ml Rotwein

2 Pimentkörner · 2 Nelken

1/2 Anisstern · 1 Zimtstange

2 Wacholderbeeren

1 kleiner Thymianzweig

2 Streifen Bio-Zitronenschale

300 g Gelierzucker (3 : 1)

Mein Tipp:

Das Zwetschgengelee mit Wildgewürz passt wunderbar zu Wildpasteten und eignet sich hervorragend zum Verfeinern von Wildbratensaucen.

Weiße Trauben in Moscato-d'Asti-Gelee

Zutaten für 5–6 Gläser à 200 ml

- **1 kg kleine weiße kernlose Bio-Weintrauben (z. B. Sultana)**
- **1 Bio-Zitrone**
- **1 EL Zucker**
- **300 ml Moscato d'Asti (ital. Weißwein)**
- **200 g Gelierzucker (3 : 1)**

❋ Die Trauben in ein Sieb geben und gründlich mit kaltem Wasser abbrausen. Die Beeren gut abtropfen lassen und von den Stielen zupfen. Die Trauben halbieren, 50 g abwiegen und beiseitestellen.

❋ Die Zitrone heiß waschen und trocken reiben. Mit einem scharfen Messer einen Streifen Zitronenschale abschälen. Die restlichen Trauben mit der Zitronenschale und dem Zucker in einem Topf mischen und 2 Stunden ziehen lassen.

❋ Die Trauben unter Rühren langsam zum Kochen bringen und 4 Minuten kochen lassen. Die Trauben durch ein Haarsieb in einen Topf gießen. 500 ml Saft abmessen. Die Zitrone halbieren und eine Hälfte auspressen. Den Zitronensaft durch ein Teesieb zum Traubensaft gießen, den Moscato d'Asti und den Gelierzucker dazugeben und zum Kochen bringen. Alles 4 Minuten kochen lassen und eine Gelierprobe machen.

❋ Die restlichen halbierten Trauben und nach Belieben einige dünne Zitronenschalenstreifen dazugeben und alles noch einmal aufkochen lassen. Das Wein-Trauben-Gelee in vorbereitete Gläser füllen und gut verschließen. Die Gläser während des Abkühlens öfters drehen, damit sich die Trauben gut verteilen. Das Gelee passt hervorragend zu (Wild-)Pasteten.

Mein Tipp:
Der Moscati d'Asti ist ein süßer Weißwein aus dem Piemont. Er hat eine goldgelbe Farbe und ein unverwechselbares und intensives Aroma.

Gelee von gelben Tomaten und Kapstachelbeeren

Zutaten für 4 Gläser à 200 ml

550 g gelbe Kirschtomaten (spezielle Sorte)

200 g Kapstachelbeeren (Physalis)

1 Zitrone

240 g Gelierzucker (3:1)

1 Päckchen Bourbon-Vanillezucker

2 g Apfelpektin (aus dem Reformhaus)

❊ Die Tomaten waschen, abtropfen lassen und vierteln. Die Kapstachelbeeren aus den Hüllblättern lösen, waschen, abtropfen lassen und ebenfalls vierteln.

❊ Die Tomaten und Kapstachelbeeren mit dem Stabmixer oder im Küchenmixer fein pürieren. Das Fruchtfleisch durch ein Haarsieb in einen Topf streichen, dabei sämtliche Kerne und Häute entfernen.

❊ Die Zitrone halbieren und den Saft auspressen. Den Zitronensaft zu dem Tomaten-Kapstachelbeeren-Saft geben und den Gelierzucker und den Vanillezucker hinzufügen. Die Saft-Zucker-Mischung zum Kochen bringen, das Apfelpektin mit dem Schneebesen einrühren und 5 bis 6 Minuten kochen lassen.

❊ Das Gelee nach Belieben mit 1 EL Sanddornmark mit Honig (aus dem Reformhaus) süßen. Oder das Gelee mit 1 TL Spicy Milk Dream (von 1001 Gewürze aus dem Gewürzladen) verfeinern. In vorbereitete Gläser füllen und gut verschließen.

Mein Tipp:
Damit das Gelee fest wird, dürfen die gelben Tomaten nicht zu reif sein. »Spicy Milk Dream« (1001 Gewürze) ist ein feines Pulver aus exotischen Gewürzen.

Tulsiteegelee

Zutaten für 2–3 Gläser à 200 ml

- **4 g loser Tulsitee mit Limette (aus dem Tee- oder Asienladen)**
- **1 Stängel Zitronengras**
- **200 ml frisch gepresster Orangensaft**
- **1 Kaffir-Limettenblatt (in Streifen)**
- **1 haselnussgroßes Stück Ingwer (geschält und geviertelt)**
- **Mark von 1/2 Vanilleschote**
- **170 g Gelierzucker (3:1)**

❊ Den Tulsitee in einen Einweg-Teefilter füllen, mit etwa 500 ml kochendem Wasser aufbrühen und 7 Minuten ziehen lassen. Vom Zitronengras die äußeren Blätter entfernen, den Stängel waschen und in etwa 4 cm lange Stücke schneiden.

❊ Den Teebeutel entfernen und 300 ml Tulsitee abmessen. Mit dem Orangensaft in einen Topf geben. Das Zitronengras, die Limettenblattstreifen, den Ingwer und das Vanillemark hinzufügen und zum Schluss den Gelierzucker mit dem Schneebesen unterrühren.

❊ Die Tee-Zucker-Mischung zum Kochen bringen und 4 Minuten kochen lassen (Vorsicht: Schäumt stark!). Die ganzen Gewürze entfernen. Gelee in vorbereitete Gläser füllen und gut verschließen.

Gelee von schwarzem Tee

Zutaten für 2–3 Gläser à 200 ml

- **1 Beutel schwarzer Tee (feinherbe Mischung)**
- **130 ml gelber Grapefruitsaft**
- **180 g Gelierzucker (3:1)**
- **1 Maracuja (Passionsfrucht)**

❊ Den Tee mit 500 ml Wasser aufbrühen und etwa 5 Minuten ziehen lassen. Teebeutel entfernen und 400 ml in einen Topf geben. Grapefruitsaft dazugießen. Den Gelierzucker unterrühren. Aufkochen, etwa 4 Minuten sprudelnd kochen lassen. Die Maracuja halbieren, mit einem Löffel das Mark herausholen und durch ein Sieb streichen. Nach Ende der Kochzeit das Gelee vom Herd nehmen und das Fruchtpüree hinzufügen. Nochmals kurz aufkochen, in vorbereitete Gläser füllen und gut verschließen.

Mein Tipp:
Tulsitee sind die getrockneten Blätter von indischem Basilikum. Wenn Sie möchten, können Sie das Gelee mit Zimt- oder Nelkenpulver würzen.

Chutneys

Äpfel-Chutney mit Rosinen und Mandeln

Zutaten für 4–5 Gläser à 200 ml

1 kg Äpfel (z. B. Boskop)
270 g weiße Zwiebeln
4 Majoranzweige
3 Thymianzweige
2 Knoblauchzehen
1 EL Öl
400 g Einmachzucker
300 ml Weißweinessig
100 ml Apfelessig
80 g ungeschwefelte Rosinen
50 g Mandelblättchen
Salz
geriebene Muskatnuss
1 TL getrockneter Majoran

❊ Die Äpfel vierteln, schälen und die Kerngehäuse entfernen. 750 g Fruchtfleisch abwiegen und in nicht zu kleine Stücke schneiden. Die Zwiebeln schälen, 250 g abwiegen und in grobe Würfel schneiden. Die Kräuter waschen, trocken schütteln und mit Küchengarn zu einem Sträußchen zusammenbinden.

❊ Den Knoblauch schälen. Das Öl in einem großen Topf bei mittlerer Hitze heiß werden lassen und die Zwiebeln darin glasig dünsten. Den Knoblauch durch die Presse dazudrücken und mitdünsten.

❊ Die Apfelstücke, das Kräutersträußchen und den Einmachzucker dazugeben und weitergaren, bis der Zucker geschmolzen ist, aber noch nicht karamellisiert.

❊ Beide Essigsorten zur Apfelmischung geben und langsam einkochen lassen, dabei gelegentlich umrühren. Nach etwa 15 Minuten die Rosinen und die Mandelblättchen dazugeben und das Chutney weitere 20 Minuten garen.

❊ Das Kräutersträußchen entfernen, das Apfel-Chutney mit Salz, 1 Prise Muskatnuss und dem Majoran abschmecken, in vorbereitete Gläser füllen und gut verschließen.

Mein Tipp:
Für pikante Bratäpfel Boskop-Äpfel aushöhlen, mit dem Apfel-Chutney füllen und in einer ofenfesten Form im 200 °C heißen Ofen etwa 25 Minuten garen.

Birnen-Chutney

❋ Die Birnen vierteln, schälen und die Kerngehäuse entfernen. 550 g Fruchtfleisch abwiegen und in kleine Würfel schneiden. Die Birnenwürfel in einer Schüssel mit dem Kandiszucker mischen und mit dem Essig übergießen. Die Birnenmischung zugedeckt 30 Minuten ziehen lassen.

❋ Die Gemüsezwiebel schälen, 100 g abwiegen und in feine Würfel schneiden. Das Öl in einem großen Topf bei mittlerer Hitze heiß werden lassen und die Zwiebelwürfel darin glasig dünsten. Mit dem Noilly Prat ablöschen und die Birnenmischung hinzufügen.

❋ Die Thymianzweige waschen, trocken schütteln und mit etwa 100 ml Wasser in den Topf geben. Das Chutney bei kleiner Hitze offen etwa 30 Minuten langsam einköcheln lassen. Falls nötig, noch etwa 100 ml Wasser angießen.

❋ Das Birnen-Chutney mit dem Salz abschmecken und die Thymianzweige entfernen. Das Chutney in vorbereitete Gläser füllen und gut verschließen.

Zutaten für 2 Gläser à 200 ml

5–6 Abate-Birnen

100 g brauner Krümelkandiszucker

150 ml klarer Apfelessig

1 kleine Gemüsezwiebel

1 EL Öl

2 cl Noilly Prat (franz. Wermut)

4–5 Thymianzweige

1 TL Salz

Mein Tipp:
Abate-Birnen sind gelbgrün bis gelb und weisen rostbraune Stellen auf der Schale auf. Sie haben ein mildes Aroma und eignen sich gut als Tafelbirnen.

Holunderbeeren-Chutney mit Birnen

Zutaten für 4–6 Gläser à 200 ml

600 g Holunderbeerendolden (gewaschen und getrocknet)
1 Rosmarinzweig
2 kleine, nicht zu weiche Birnen
160 g rote Zwiebeln
3 Wacholderbeeren
4 Nelken
1 EL Öl
280 g brauner Zucker
100 ml Rotweinessig
1 Msp. Ingwermus (aus dem Glas)
Salz
Cayennepfeffer

❄ Die Holunderbeeren von den Stielen zupfen, 550 g abwiegen und in einer Schüssel mit einer Gabel oder dem Kartoffelstampfer etwas zerdrücken. Den Rosmarin waschen und trocken schütteln.

❄ Die Birnen vierteln, schälen und die Kerngehäuse entfernen. 200 g Fruchtfleisch abwiegen und in kleine Würfel schneiden. Die Zwiebeln schälen, 150 g abwiegen und in feine Würfel schneiden. Die Wacholderbeeren etwas andrücken, mit den Nelken in einen Einweg-Teefilter geben und mit Küchengarn zubinden.

❄ Das Öl in einem großen Topf bei mittlerer Hitze heiß werden lassen und die Zwiebelwürfel darin glasig dünsten. Die Holunderbeeren, den Rosmarin, die Birnen und den braunen Zucker hinzufügen und unter Rühren garen, bis der Zucker geschmolzen ist. Die Holundermasse mit dem Essig aufgießen, das Gewürzsäckchen und das Ingwermus dazugeben und das Chutney unter gelegentlichem Rühren bei kleiner Hitze 25 bis 30 Minuten einkochen.

❄ Nach Belieben nach 15 Minuten 3/4 TL Senfkörner unterrühren. Den Rosmarin und das Gewürzsäckchen entfernen und das Holunderbeeren-Chutney mit Salz und Cayennepfeffer abschmecken. In vorbereitete Gläser füllen und gut verschließen.

Mein Tipp:
Dieses Chutney passt wunderbar zu Wildgerichten, vor allem zu Reh. Als Variation können Sie die Hälfte der Holunderbeeren durch Zwetschgen ersetzen.

Cumberland-Chutney

Zutaten für 2–3 Gläser à 200 ml

Schale von 1/2 Bio-Orange
200 ml Rotwein
2 cl roter Portwein
1 Zimtstange
450 g Rote Johannisbeeren
110 g frische Cranberries
je 1–2 Majoran-, Rosmarin- und Thymianzweige
4 Wacholderbeeren
4 Nelken
2 Lorbeerblätter
2 rote Zwiebeln
200 g Einmachzucker
1 EL brauner Kandiszucker
60 ml Rotweinessig
Salz

❊ Am Vortag die Orangenschale in kleine Würfel schneiden und mit dem Rotwein, dem Portwein und der Zimtstange in einem kleinen Topf auf 100 ml einkochen und abkühlen lassen.

❊ Die Johannisbeeren in einem Sieb mit kaltem Wasser abbrausen und gut abtropfen lassen. Die Beeren mit einer Gabel von den Rispen streifen. Die Cranberries verlesen, ebenfalls abbrausen und abtropfen lassen. Alle Beeren in einer Schüssel mit dem eingekochten Rotweinsud übergießen.

❊ Die Kräuter waschen, trocken schütteln und mit Küchengarn zu einem Sträußchen zusammenbinden. Die Wacholderbeeren, die Nelken und die Lorbeerblätter in einen Einweg-Teefilter geben und mit Küchengarn zubinden. Die Kräuter und Gewürze zu den Beeren geben und alles zugedeckt über Nacht ziehen lassen.

❊ Am nächsten Tag die Zwiebeln schälen, 50 g abwiegen und in feine Würfel schneiden. In einen großen Topf geben, die marinierten Beeren samt Kräutern und Gewürzsäckchen, beide Zuckersorten und Essig hinzufügen und die Mischung bei mittlerer Hitze etwa 25 Minuten einkochen lassen, dabei gelegentlich umrühren.

❊ Das Kräutersträußchen und die ganzen Gewürze entfernen. Das Cumberland-Chutney mit Salz abschmecken, in vorbereitete Gläser füllen und gut verschließen.

Mein Tipp:
Wenn Sie dem Cumberland-Chutney noch eine etwas würzigere Note verleihen wollen, können Sie 1 TL feinen mittelscharfen Senf mitkochen.

Ananas-Chutney

❋ Die Gemüsezwiebel schälen, 160 g abwiegen und in feine Würfel schneiden. Den Knoblauch schälen. Die Ananas putzen, der Länge nach vierteln, den harten Strunk und die Schale entfernen. 800 g Ananasfruchtfleisch abwiegen und in kleine Würfel schneiden.

❋ Das Öl in einem großen Topf bei mittlerer Hitze heiß werden lassen und die Zwiebelwürfel darin andünsten. Den Knoblauch durch die Presse dazudrücken und mitdünsten. Das Currypulver darüberstreuen und unter Rühren kurz mitgaren. Den Einmachzucker dazugeben und unter Rühren erwärmen, bis der Zucker geschmolzen ist.

❋ Vom Zitronengras die äußeren welken Blätter entfernen und den Stängel in etwa 4 cm lange Stücke schneiden. Die Ananasstücke, das Zitronengras, das Ingwermus und die restlichen Gewürze hinzufügen und unter Rühren 5 Minuten mitgaren.

❋ Mit dem Essig ablöschen und das Chutney unter gelegentlichem Rühren bei mittlerer Hitze 40 bis 45 Minuten einkochen lassen. Nach 10 Minuten die Kokoscreme und 50 ml Wasser dazugeben. Falls nötig, noch etwas Wasser angießen.

❋ Die ganzen Gewürze entfernen. Das Ananas-Chutney mit Salz abschmecken, in vorbereitete Gläser füllen und gut verschließen.

Zutaten für 2–3 Gläser à 200 ml

1 große Gemüsezwiebel
5 kleine Knoblauchzehen
1 große Ananas
1 TL Öl
3 TL Ingwer-Curry-Pulver (von 1001 Gewürze, aus dem Gewürzladen)
120 g Einmachzucker
1 Stängel Zitronengras
1 geh. TL Ingwermus (aus dem Glas)
2 Msp. gemahlener Kardamom
1 Zimtstange
1 kleine getrocknete Chilischote
100 ml weißer Aceto balsamico
100 ml Kokoscreme (aus der Dose, ungesüßt)
Salz

Mein Tipp:
Verwenden Sie am besten Condimento Aceto balsamico. Er hat einen milden und lieblichen Geschmack, der gut mit der Säure der Ananas harmoniert.

Mango-Chutney

Zutaten für 2–3 Gläser à 200 ml

- **200 ml Weißweinessig**
- **2 reife Mangos**
- **1 große Orange**
- **4–5 Schalotten**
- **3 Knoblauchzehen**
- **1 EL Öl**
- **3/4 EL Mango-Curry-Pulver (von 1001 Gewürze, aus dem Gewürzladen)**
- **80 g Einmachzucker**
- **1 TL mittelscharfer Senf**
- **2 Msp. Koriandermus (aus dem Glas)**
- **Salz**

❊ Den Essig in einen kleinen Topf geben und bei mittlerer Hitze auf 100 ml einkochen lassen. Das Mangofruchtfleisch in breiten Streifen vom Stein schneiden und schälen. 540 g Fruchtfleisch abwiegen und in kleine Würfel schneiden. Die Orange mit einem scharfen Messer so schälen, dass auch die weiße Haut vollständig entfernt ist. Die Orangenfilets aus den Trennhäuten lösen und 100 g Fruchtfilets abwiegen.

❊ Die Schalotten schälen, 80 g abwiegen und in feine Würfel schneiden. Den Knoblauch schälen. Das Öl in einem Topf bei mittlerer Hitze heiß werden lassen und die Schalotten darin andünsten. Den Knoblauch durch die Presse dazudrücken und mitdünsten. Das Currypulver darüberstreuen und unter Rühren kurz mitgaren.

❊ Das Mango- und das Orangenfruchtfleisch sowie den Einmachzucker dazugeben und 2 Minuten mitgaren, dann mit dem reduzierten Essig ablöschen. Den Senf unterrühren und die Mango-Orangen-Mischung unter Rühren 25 Minuten einkochen lassen.

❊ Das Koriandermus unter das Mango-Chutney mischen und mit Salz abschmecken. Das Chutney in vorbereitete Gläser füllen, gut verschließen und 2 bis 3 Tage ziehen lassen.

Mein Tipp:
Dieses Chutney eignet sich besonders als Beilage zu gegrilltem Fisch oder Hähnchen, insgesamt zu allen karibisch angehauchten Speisen.

Feigen-Chutney

Zutaten für 6–7 Gläser à 200 ml

- **200 ml Aceto balsamico**
- **350 g Schalotten**
- **500 g dunkle Feigen**
- **125 g Datteln (getrocknet, ohne Stein)**
- **1 EL Öl**
- **250 g brauner Zucker**
- **1/2 TL Salz**
- **1 EL Paprikapulver (edelsüß)**
- **1/2 TL Senfkörner**
- **10 g Ingwermus (aus dem Glas)**
- **350 ml Rotweinessig**
- **1/2 TL getrockneter Estragon**
- **1 TL Honig**

❄ Den Aceto balsamico in einen kleinen Topf geben und bei mittlerer Hitze auf 50 ml einkochen lassen.

❄ Die Schalotten schälen, 300 g abwiegen und in feine Würfel schneiden. Die Feigen waschen, trocken reiben und in kleine Würfel schneiden. Die Datteln ebenfalls in kleine Würfel schneiden.

❄ Das Öl in einem großen Topf bei mittlerer Hitze heiß werden lassen und die Schalottenwürfel darin glasig dünsten. Die Feigen und die Datteln hinzufügen und kurz mitdünsten. Den braunen Zucker dazugeben und schmelzen lassen. Mit Salz und Paprikapulver würzen und die Senfkörner und das Ingwermus unterrühren.

❄ Die Feigenmischung mit dem reduzierten Essig und dem Rotweinessig aufgießen. Falls nötig, 50 ml Wasser hinzufügen und die Feigenmischung unter gelegentlichem Rühren etwa 35 Minuten einkochen lassen.

❄ Kurz vor Garzeitende den Estragon und den Honig unter das Chutney rühren. In vorbereitete Gläser füllen und gut verschließen. Das Chutney vor dem Verzehr 1 bis 2 Wochen ziehen lassen.

Mein Tipp:
Die Datteln lassen sich auch durch Rhabarber ersetzen. Das Chutney schmeckt hervorragend zu gebratener Rinderlende oder einer Käseplatte.

Fenchel-Chutney mit Orange

❋ Die Gemüsezwiebel schälen, 100 g abwiegen und in feine Würfel schneiden. Den Fenchel waschen und vierteln, das obere Grün abschneiden und beiseitelegen. 350 g Fenchel abwiegen und längs in sehr dünne Streifen schneiden.

❋ Die Orangen mit einem scharfen Messer so schälen, dass auch die weiße Haut vollständig entfernt ist. 200 g Orangenfruchtfleisch abwiegen und in kleine Stücke schneiden.

❋ Das Öl in einem großen Topf bei mittlerer Hitze heiß werden lassen und die Zwiebelwürfel darin glasig andünsten. Die Fenchelstreifen und die Orangenstücke hinzufügen und 3 bis 4 Minuten mitdünsten. Den Einmachzucker dazugeben, unter Rühren garen, bis er geschmolzen ist. Weitere 3 Minuten köcheln lassen, dabei gelegentlich umrühren.

❋ Die Fenchel-Orangen-Masse mit dem Essig aufgießen. Den Meerrettich und den Wasabi hinzufügen und das Chutney unter Rühren bei kleiner bis mittlerer Hitze 35 Minuten einkochen lassen. Falls nötig, 50 ml Wasser unterrühren.

❋ Etwa 5 Minuten vor Garzeitende das beiseitegelegte Fenchelgrün fein schneiden oder nach Belieben 1/4 TL Fenchelsamen zerstoßen, in das Fenchel-Chutney rühren und kurz mitkochen. Das Chutney in vorbereitete Gläser füllen und gut verschließen.

Zutaten für 2 Gläser à 200 ml

1 kleine Gemüsezwiebel

400 g Fenchel

2 Orangen

1 TL Öl

140 g Einmachzucker

120 ml Weißweinessig

1 TL frisch geriebener Meerrettich

1 TL Wasabi-Paste (japan. Meerrettich)

Mein Tipp:
Noch fruchtiger wird das Chutney, wenn Sie 50 g Fenchel durch 50 g geschälte Ananasstücke ersetzen und wie oben beschrieben zubereiten.

Blutorangen-Chutney

Zutaten für ca. 2 Gläser à 200 ml

- **600 g Navel-Orangen**
- **1 Mandarine**
- **200 ml Blutorangensaft (aus dem Kühlregal)**
- **30 g brauner Krümelkandiszucker**
- **1 Stängel Zitronengras**
- **1 kleine Knoblauchzehe**
- **1 Zimtstange**
- **je 2 Nelken, Kardamomkapseln und Pimentkörner**
- **½ ausgekratzte Vanilleschote**
- **90 g brauner Zucker**
- **150 ml Weißweinessig**
- **1 kleine getrocknete rote Chilischote**
- **1 Msp. Koriandermus (aus dem Glas)**
- **Salz**

❊ Die Orangen so schälen, dass auch die weiße Haut vollständig entfernt ist. Orangen in Stücke schneiden und in eine Schüssel geben. Mandarine schälen, in die einzelnen Segmente teilen und zu den Orangen geben. Blutorangensaft und Kandiszucker dazugeben.

❊ Vom Zitronengras die äußeren welken Blätter entfernen und den Stängel in 4 cm lange Stücke schneiden. Den Knoblauch schälen und grob schneiden. Zitronengras, Knoblauch, Zimt, Nelken, Kardamom und Piment in einen Einweg-Teefilter geben, mit Küchengarn zubinden. Die Gewürze mit dem Nudelholz etwas andrücken. Das Gewürzsäckchen und die Vanilleschote zu den Zitrusfrüchten geben, alles mischen und zugedeckt 2 Stunden ziehen lassen.

❊ Den Zucker in einem Topf bei mittlerer Hitze heiß werden lassen, bis er zu schmelzen beginnt. Die Zitrusfruchtmischung samt Säckchen und Vanilleschote dazugeben und unter Rühren leicht kochen, bis der Zucker geschmolzen ist. Mit dem Essig ablöschen. Die Chilischote zerreiben und mit dem Koriandermus hinzufügen. Alles bei kleiner Hitze etwa 30 Minuten einkochen lassen.

❊ Die ganzen Gewürze und das Gewürzsäckchen entfernen. Das Blutorangen-Chutney mit Salz abschmecken, in vorbereitete Gläser füllen und gut verschließen.

Mein Tipp:
Gönnen Sie dem Chutney eine »Ruhepause« von etwa 1 Woche an einem kühlen und dunklen Ort, bevor Sie es servieren.

Rote-Bete-Chutney

Zutaten für 5–6 Gläser à 200 ml

500 g vorgegarte Rote Bete (vakuumverpackt, aus dem Kühlregal)
1/2 Ananas
185 g rote Zwiebeln
2 Knoblauchzehen
180 g brauner Zucker
1 TL Ingwermus (aus dem Glas)
1 Msp. mildes Currypulver
1/2 kleine getrocknete rote Chilischote
200 ml Rotweinessig
Salz

❄ Die Rote Bete in kleine Würfel schneiden. Die Ananashälfte putzen, nochmals längs halbieren, den harten Strunk entfernen und die Ananas schälen. 200 g Fruchtfleisch abwiegen und in kleine Würfel schneiden.

❄ Die Zwiebeln schälen, 170 g abwiegen und in feine Würfel schneiden. Den Knoblauch schälen. Die Zwiebelwürfel in einen großen Topf geben. Den Knoblauch durch die Presse dazudrücken und den braunen Zucker untermischen. Alles unter Rühren bei mittlerer Hitze erwärmen, bis der Zucker geschmolzen ist.

❄ Die Rote Bete, die Ananas, das Ingwermus, das Currypulver und die zerriebene Chilischote dazugeben und zum Kochen bringen. Mit dem Essig ablöschen und etwa 20 Minuten unter Rühren einkochen lassen.

❄ Das Rote-Bete-Chutney mit Salz abschmecken, in vorbereitete Gläser füllen und gut verschließen.

Mein Tipp:
Frische Rote Bete verwenden und ungeschält in Salzwasser etwa 30 Minuten garen. Abgießen, abkühlen lassen und (mit Küchenhandschuhen!) schälen.

Möhren-Chutney mit Paprika

Zutaten für 3–4 Gläser à 200 ml

- 1 rote Paprikaschote
- 500 g kleine, zarte Möhren
- 1 Orange
- 1 große Gemüsezwiebel
- 1 TL Öl
- 3/4 TL mildes Currypulver
- 160 g Einmachzucker oder brauner Zucker
- 1/2 TL Cayennepfeffer
- 2 TL Ingwermus (aus dem Glas)
- 170 ml Weißweinessig
- 2 TL Sesamsamen
- 1/2 TL Sesamöl
- Salz

❊ Den Backofen auf 220 °C vorheizen. Die Paprikaschote der Länge nach vierteln, entkernen, waschen und 100 g Fruchtfleisch abwiegen. Ein Backblech mit Backpapier oder Alufolie auslegen. Die Paprikaviertel daraufgeben und im Ofen etwa 15 Minuten garen, bis die Haut braun wird und Blasen wirft. Die Paprikastücke häuten und klein schneiden.

❊ Die Möhren putzen, schälen, 420 g abwiegen und auf der Gemüsereibe grob raspeln. Die Orange mit einem scharfen Messer so schälen, dass auch die weiße Haut entfernt ist. Die Fruchtfilets aus den Trennhäuten lösen. Die Zwiebel schälen, 170 g abwiegen und in feine Würfel schneiden.

❊ Die Zwiebelwürfel in einem Topf im Öl bei mittlerer Hitze unter Rühren andünsten. Currypulver darüberstreuen und kurz mitdünsten. Möhren und Orange dazugeben und garen, bis die Flüssigkeit fast vollständig verkocht ist. Den Einmachzucker hinzufügen und unter Rühren weitergaren, bis er geschmolzen ist. Cayennepfeffer und Ingwermus unterrühren und mit dem Essig und 200 ml Wasser aufgießen. Paprika hinzufügen. Das Chutney etwa 30 Minuten einkochen lassen, falls nötig, etwas Wasser angießen.

❊ Die Sesamsamen in einer beschichteten Pfanne ohne Fett hell anrösten und 5 Minuten vor Garzeitende mit dem Sesamöl unter das Chutney rühren. Das Möhren-Chutney mit Salz abschmecken, in vorbereitete Gläser füllen und gut verschließen.

Mein Tipp:
Als Variation können Sie Paprikaschote, Sesamsamen und Sesamöl auch durch 15 g Koriandermus und 25 g frische Kokosflocken ersetzen.

Zucchini-Chutney

Zutaten für 4–5 Gläser à 200 ml

- **600 g kleine Zucchini**
- **220 g Gemüsezwiebel**
- **1 Knoblauchzehe**
- **1/2 Bund glatte Petersilie**
- **20 g Pistazienkerne**
- **1–2 EL Olivenöl**
- **100 g Einmachzucker**
- **1/4 TL Cayennepfeffer**
- **1/2 TL Paprikapulver (edelsüß)**
- **1/4 TL gemahlener Kreuzkümmel**
- **1/2 TL Koriandermus (aus dem Glas)**
- **Pfeffer aus der Mühle**
- **125 ml milder Weißweinessig**
- **40 g ungeschwefelte Rosinen**
- **Salz**

❄ Die Zucchini putzen, waschen, 550 g Zucchinifruchtfleisch abwiegen und in kleine Würfel schneiden. Die Gemüsezwiebel und den Knoblauch schälen, 200 g Zwiebel abwiegen und mit dem Knoblauch in feine Würfel schneiden.

❄ Die Petersilie waschen und trocken schütteln, 10 Blätter von den Stielen zupfen und in feine Streifen schneiden. Die Pistazienkerne grob hacken und in einer beschichteten Pfanne ohne Fett unter Rühren anrösten.

❄ Das Olivenöl in einem Topf bei mittlerer Hitze heiß werden lassen und die Zwiebel- und Knoblauchwürfel darin glasig dünsten. Die Zucchini hinzufügen und unter Rühren goldgelb braten.

❄ Den Einmachzucker und die Gewürze dazugeben und unter Rühren 3 bis 4 Minuten braten. Mit dem Essig ablöschen, weitere 3 Minuten garen, dann die Rosinen und die Pistazien unterrühren. Das Chutney bei kleiner Hitze 20 Minuten einkochen lassen.

❄ Die Petersilienstreifen unter das Zucchini-Chutney mischen und weitere 5 Minuten garen. Das Chutney mit Salz abschmecken, in vorbereitete Gläser füllen und gut verschließen.

Mein Tipp:
Dieses Chutney schmeckt lauwarm besonders gut zu Brat- oder Pellkartoffeln und eignet sich auch als Beilage zu gebratenem oder gegrilltem Fisch.

Tomaten-Chutney

Zutaten für 2–3 Gläser à 200 ml

- 1 kg Tomaten
- 100 g getrocknete Tomaten
- 350 g Möhren
- ca. 6 Basilikumblätter
- 1 TL Salz
- 1 EL eingelegter grüner Pfeffer
- getrockneter Thymian
- 120 g Schalotten
- 5 kleine Knoblauchzehen
- 1 EL Öl
- 200 g Einmachzucker
- 225 ml Rotweinessig
- 25 ml Aceto balsamico

❊ Die Tomaten kreuzweise einritzen, kurz in kochendes Wasser tauchen und die Haut abziehen. Tomaten vierteln und dabei die Stielansätze entfernen. 900 g abwiegen und in eine Schüssel geben. Die getrockneten Tomaten klein schneiden und ebenfalls in die Schüssel geben.

❊ Die Möhren putzen, schälen, 300 g abwiegen und auf der Gemüsereibe grob in die Schüssel zu den Tomaten raspeln. Die Basilikumblätter waschen, trocken tupfen, in feine Streifen schneiden und mit dem Salz, dem Pfeffer und 1 Prise Thymian in die Schüssel geben. Alles gut mischen und zugedeckt 30 Minuten ziehen lassen.

❊ Die Schalotten schälen, 100 g abwiegen und in feine Würfel schneiden. Den Knoblauch schälen. Das Öl in einem großen Topf bei mittlerer Hitze heiß werden lassen und die Schalottenwürfel darin andünsten. Den Knoblauch durch die Presse dazudrücken und mitdünsten. Den Einmachzucker hinzufügen und unter Rühren erwärmen, bis er geschmolzen ist. Mit beiden Essigsorten ablöschen und die Tomatenmischung dazugeben.

❊ Die Tomatenmischung bei kleiner Hitze 25 bis 30 Minuten langsam dicklich einkochen lassen, dabei öfters umrühren. Das Tomaten-Chutney in vorbereitete Gläser füllen und gut verschließen.

Mein Tipp:
Aromatische Tomaten sind hier das A und O. Da man bei uns nur im Sommer wirklich gute Tomaten kaufen kann, greife ich auch mal auf Dosenware zurück.

Auberginen-Chutney

❊ Die Auberginen putzen, waschen und längs halbieren. 580 g Fruchtfleisch abwiegen, in kleine Würfel schneiden und in eine Schüssel geben. Mit dem Zitronensaft und dem Salz mischen.

❊ Die Softfeigen ebenfalls in kleine Würfel schneiden. Die Schalotten schälen, 200 g abwiegen und in feine Würfel schneiden. Den Knoblauch ebenfalls schälen. Die Kardamomkapseln etwas andrücken und mit den Nelken und den Lorbeerblättern in einen Einweg-Teefilter füllen und zubinden.

❊ Die Schalottenwürfel in einer Pfanne im Öl bei mittlerer Hitze glasig dünsten. Den Knoblauch durch die Presse dazudrücken. Die Auberginen, die Feigen und das Gewürzsäckchen hinzufügen und die Auberginen unter Rühren von allen Seiten goldgelb braten.

❊ Die Limette heiß waschen, trocken reiben und die Schale fein über das Gemüse reiben. Cumin, Paprika, Kurkuma und Zimt hinzufügen. Die Chilischote zerreiben und ebenfalls dazugeben. Alles gut verrühren. Den braunen Zucker darüberstreuen und schmelzen lassen. Koriander- und Ingwermus unterrühren. Mit dem Essig ablöschen und mit Pfeffer würzen. Das Chutney etwa 30 Minuten köcheln lassen, falls nötig, etwa 50 ml Wasser angießen.

❊ Das Chutney 5 Minuten vor Garzeitende mit den Gewürzen abschmecken. In vorbereitete Gläser füllen und gut verschließen.

Zutaten für 3–4 Gläser à 200 ml

650 g Auberginen
Saft von 1/2 Zitrone
1 1/2 TL Salz · 100 g Softfeigen
220 g Schalotten
3 Knoblauchzehen
je 4 Kardamomkapseln und Nelken · 2 Lorbeerblätter
2 EL Öl · 1/2 Bio-Limette
6 g Cumin
1 Msp. Paprikapulver (edelsüß)
1 Msp. gemahlene Kurkuma
1 Msp. Zimtpulver
1 kleine getr. rote Chilischote
100 g brauner Zucker
5 g Koriandermus (aus dem Glas)
3 g Ingwermus (aus dem Glas)
125 ml milder Weißweinessig (5 % Säure)
Pfeffer aus der Mühle

Mein Tipp:
Dieses Chutney schmeckt am besten, wenn es noch lauwarm serviert wird. Es passt besonders gut zu Geschnetzeltem.

Kompotte
& Eingelegtes

Apfel-Mango-Mus

Zutaten für 2–3 Glas à 200 ml

500 g Äpfel (z. B. Jonathan)
1 TL Zitronensaft
1 EL Bourbon-Vanillezucker
1 Zimtstange
1 kleine faserfreie Mango
Zucker

❊ Die Äpfel vierteln, schälen und die Kerngehäuse entfernen. 450 g Fruchtfleisch abwiegen und in grobe Stücke schneiden. Die Apfelstücke in einen Topf geben, mit dem Zitronensaft beträufeln und mit dem Vanillezucker bestreuen. Die Zimtstange dazugeben.

❊ Das Mangofruchtfleisch in breiten Streifen vom Stein schneiden und schälen. 160 g Fruchtfleisch abwiegen und in dünne Spalten schneiden. Das Mangofruchtfleisch unter die Äpfel mischen und alles langsam zum Kochen bringen.

❊ Die Apfel-Mango-Mischung unter gelegentlichem Rühren bei mittlerer Hitze zugedeckt etwa 15 Minuten kochen, bis die Äpfel und die Mango zerfallen sind.

❊ Die Zimtstange entfernen. Das Apfel-Mango-Mus nach Belieben durch ein feines Sieb streichen oder mit dem Stabmixer pürieren und mit etwas Zucker abschmecken. In die vorbereiteten Gläser füllen und gut verschließen. Dieses Mus sollten Sie sofort verzehren. Es ist gut gekühlt etwa 5 Tage haltbar.

Mein Tipp:
Bereiten Sie eine leichte Joghurtcreme mit Zitrone zu, und richten Sie sie als Dessert mit dem Apfel-Mango-Mus in kleinen Schälchen oder auf Tellern an.

Preiselbeerkompott

Zutaten für 2 Gläser à 200 ml

- **200 g Preiselbeeren (aus dem Glas, ohne Zucker)**
- **1 Orange**
- **150 g Preiselbeer-Muttersaft (aus dem Reformhaus)**
- **1 Streifen Bio-Zitronenschale**
- **1 Zimtstange**
- **3 Nelken**
- **170 g Einmachzucker**
- **2 cl roter Portwein**

❋ Die Preiselbeeren in ein Sieb abgießen und abtropfen lassen. Die Orange mit einem scharfen Messer so schälen, dass auch die weiße Haut vollständig entfernt ist. Die Orangenfilets aus den Trennhäuten lösen, 90 g Fruchtfilets abwiegen und in kleine Stücke schneiden.

❋ Den Preiselbeersaft in einen Topf geben und die Zitronenschale, die Zimtstange, die Nelken und den Einmachzucker hinzufügen und die Saftmischung einmal aufkochen lassen. Die Preiselbeeren, die Orangenfilets und den Portwein dazugeben und alles etwa 4 Minuten kochen lassen. Falls nötig, 50 ml Wasser hinzufügen.

❋ Den Backofen auf 100 °C vorheizen. Eine ofenfeste Form etwa zur Hälfte mit Wasser füllen und beiseitestellen.

❋ Die Zitronenschale, die Zimtstange und die Nelken aus dem Preiselbeerkompott entfernen. Das Kompott in die vorbereiteten Gläser füllen, verschließen und im Wasserbad im Backofen 20 Minuten einkochen. Das Kompott an einem kühlen und dunklen Ort 3 bis 4 Tage ruhen lassen.

Mein Tipp:
Das Preiselbeerkompott ist die perfekte Beilage zu Kaiserschmarren, Pfannkuchen oder Waffeln.

Heidelbeerkompott

Zutaten für 4 Gläser à 500 ml

1 kg Heidelbeeren

1 Orange

500 g Einmachzucker

❊ Die Heidelbeeren verlesen, in ein Sieb geben und kurz mit kaltem Wasser abbrausen. Die Heidelbeeren in die vorbereiteten Gläser einschichten und dabei darauf achten, dass zwischen den Beeren nach Möglichkeit keine Zwischenräume entstehen. Falls nötig, die Gläser vorsichtig auf ein feuchtes Küchentuch klopfen.

❊ Den Backofen auf 100 °C vorheizen. Eine ofenfeste Form etwa zur Hälfte mit Wasser füllen und beiseitestellen.

❊ Die Orange halbieren und den Saft auspressen. In einem Topf 500 ml Wasser zum Kochen bringen, den Einmachzucker dazugeben und unter Rühren bei kleiner Hitze auflösen. Den Orangensaft unterrühren und nach Belieben mit 1 EL Whiskey aromatisieren.

❊ Den Zuckersud über die Heidelbeeren gießen, die Gläser gut verschließen und im Wasserbad im Backofen etwa 20 Minuten einkochen. (Achtung: Die Kochzeit beginnt erst, wenn im Kompott in den Gläsern Bläschen aufsteigen.) Das Heidelbeerkompott ist kühl und dunkel gelagert etwa 1 Jahr haltbar.

Mein Tipp:
Statt frisch gepresstem Orangensaft können Sie auch 100 ml Apfelsaft oder 100 g grob geraspeltes Apfelfruchtfleisch unter die Zuckerlösung mischen.

Exotenkompott

Zutaten für 2 Gläser à 500 ml

- **1/2 Bio-Zitrone**
- **1/2 Bio-Orange**
- **150 ml halbtrockener Weißwein**
- **1 Zimtstange**
- **100 g Einmachzucker**
- **1 kleine Ananas**
- **250 g Kumquats**
- **1 EL Grand Marnier (Orangenlikör)**

❊ Die Zitronen- und die Orangenhälfte heiß waschen und trocken reiben. Die Schalen der Zitrusfrüchte fein abreiben, aus der Orange den Saft auspressen.

❊ In einem Topf 400 ml Wasser mit dem Weißwein, dem Orangensaft, der abgeriebenen Zitronen- und Orangenschale und der Zimtstange aufkochen und den Einmachzucker unter Rühren darin auflösen. Den Sud bei kleiner Hitze 15 Minuten kochen lassen.

❊ Die Ananas putzen, vierteln, den harten Strunk entfernen und die Viertel schälen. 400 g Ananasfruchtfleisch abwiegen und in kleine Stücke schneiden. Die Kumquats waschen, trocken reiben, vierteln, entkernen und 200 g in kleine Stücke schneiden.

❊ Die Ananas- und die Kumquatstücke zum leicht kochenden Sud geben und 25 Minuten darin ziehen lassen. Falls nötig, noch 50 ml Wasser hinzufügen.

❊ Die Zimtstange entfernen und das Exotenkompott mit dem Likör abschmecken. In die vorbereiteten Gläser füllen und gut verschließen. Das Kompott hält sich gut gekühlt 5 bis 7 Tage.

Mein Tipp:
Das Kompott schmeckt sehr gut mit 1 Kugel Vanilleeis oder etwas Vanillejoghurt. Wer es lieblicher mag, ersetzt die bitteren Kumquats durch Orangen.

Getrocknete Pflaumen in Glühweinsud

Zutaten für 2 Gläser à 500 ml

- **1 1/2 Bio-Orangen**
- **1/2 Bio-Zitrone**
- **750 ml guter Rotwein**
- **1 TL Glühweingewürz (z. B. von Ingo Holland)**
- **2 Zimtstangen**
- **120 g Einmachzucker**
- **1 Päckchen Bourbon-Vanillezucker**
- **500 g getrocknete Pflaumen (am besten Softpflaumen)**

❊ Die Orangen und die halbierte Zitrone heiß waschen und trocken reiben. Die Schale mit dem Sparschäler dünn abschneiden.

❊ Den Rotwein in einen Topf geben, die Schale je einer halben Orange und Zitrone, das Glühweingewürz und die Zimtstangen hinzufügen und langsam aufkochen. Den Einmach- und den Vanillezucker unter Rühren darin auflösen, den Glühwein etwa 10 Minuten leicht kochen und auf 500 ml reduzieren lassen.

❊ Den Backofen auf 100 °C vorheizen. Eine ofenfeste Form etwa zur Hälfte mit Wasser füllen und beiseitestellen. Die restliche Orangenschale in sehr feine Streifen schneiden.

❊ Den Glühwein durch ein Haarsieb gießen. Die Pflaumen mit den Orangenschalenstreifen in die vorbereiteten Gläser einschichten und mit dem Glühwein aufgießen, sodass die Pflaumen vollständig mit Flüssigkeit bedeckt sind.

❊ Die Gläser gut verschließen und die Glühweinpflaumen im Wasserbad im Backofen 20 Minuten einkochen.

Mein Tipp:
Die Pflaumen am besten kühl und dunkel lagern. Damit sich ihr Geschmack voll entfaltet, sollten Sie die Früchte mindestens 3 Tage ziehen lassen.

Kirschröster

Zutaten für 2 Gläser à 500 ml

- 1/4 Bio-Zitrone
- 1 Orange
- 1 Vanilleschote
- 550 g Einmachzucker
- 550 ml Kirschsaft (oder Rotwein)
- 2 Zimtstangen
- 4 Nelken
- 1 cl Kirschwasser
- 1,4 kg Sauerkirschen

❋ Die Zitrone heiß waschen und trocken reiben. Die Schale mit dem Sparschäler dünn abschneiden. Die Orange halbieren, auspressen und 50 ml Saft abmessen. Die Vanilleschote der Länge nach aufschneiden und das Mark herauskratzen.

❋ Den Zucker in einen großen Topf geben und bei mittlerer Hitze schmelzen und leicht Farbe annehmen lassen. Mit dem Orangen- und dem Kirschsaft ablöschen, die Zitronenschale, das Vanillemark und die -schote, die Zimtstangen und die Nelken dazugeben und den Sud 2 bis 3 Minuten kochen lassen. Das Kirschwasser unterrühren und den Sud abkühlen lassen. Die ganzen Gewürze entfernen.

❋ Den Backofen auf 100 °C vorheizen. Eine ofenfeste Form etwa zur Hälfte mit Wasser füllen und beiseitestellen. Die Kirschen waschen und gut abtropfen lassen. Die Früchte entstielen, halbieren und entsteinen. Von den Kirschen 1,2 kg abwiegen, in die vorbereiteten Gläser schichten, mit dem Gewürzsud aufgießen und die Gläser verschließen.

❋ Das Kirschkompott im Wasserbad im Backofen 20 Minuten einkochen. Den Kirschröster an einem kühlen und dunklen Ort 2 Wochen ruhen lassen.

Mein Tipp:
Der Kirschröster schmeckt fantastisch zu Topfenknödel mit Vanillesauce oder anderen Süßspeisen, vor allem zu süßen Aufläufen.

Trauben in Portwein

Zutaten für 2 Gläser à 350 ml

400 g kleine kernlose helle Bio-Weintrauben (z. B. Sultana)

1 Bio-Limette

70 g weißer Kandiszucker

200–300 ml weißer Portwein

- Die Trauben gründlich waschen und in einem Sieb gut abtropfen lassen. Die Limette heiß waschen und trocken reiben. Die Schale dünn abschälen und in schmale Streifen schneiden.

- Die Trauben mit einem Küchentuch trocken tupfen und einzeln mit der Schere so abschneiden, dass noch etwas Stiel an den Trauben bleibt. Die Trauben abwechselnd mit den Limettenschalenstreifen in die vorbereiteten Gläser schichten.

- Die Trauben mit dem Kandiszucker bedecken, dann die Gläser bis zum Rand mit dem Portwein auffüllen. Die Trauben müssen vollständig mit Flüssigkeit bedeckt sein.

- Die Gläser verschließen und an einem kühlen und dunklen Ort 2 Wochen ziehen lassen. Dabei die Gläser immer wieder umdrehen, damit sich der Kandiszucker löst und gut verteilt.

Mein Tipp:
Verwenden Sie nur unversehrte Trauben mit Stiel, die Beeren verlieren sonst ihren Saft. Übrig gebliebener Portweinsud schmeckt hervorragend im Tee.

Pfirsich-Portwein-Kompott

Zutaten für 3 Gläser à 350 ml

800 g gelbfleischige Pfirsiche
1/4 Bio-Zitrone
1 Vanilleschote
1 Zimtstange
1/2 Sternanis
3 Nelken
150–200 g brauner Zucker
200 ml weißer Portwein

❊ Die Pfirsiche kreuzweise einritzen, kurz in kochendes Wasser tauchen und häuten. Die Pfirsiche vierteln und dabei entsteinen. Die Zitrone heiß waschen, trocken reiben und die Schale mit dem Sparschäler dünn abschneiden. Die Vanilleschote der Länge nach aufschneiden und das Mark herauskratzen.

❊ In einem Topf 550 ml Wasser mit der Zitronenschale, dem Vanillemark, der -schote, der Zimtstange, dem Sternanis und den Nelken bei mittlerer Hitze zum Kochen bringen und den braunen Zucker unter Rühren darin auflösen. Die Hitze reduzieren und den Portwein dazugeben. Die Pfirsiche hinzufügen und im Sud 8 bis 10 Minuten leicht kochen lassen.

❊ Den Backofen auf 90 °C vorheizen. Eine ofenfeste Form etwa zur Hälfte mit Wasser füllen und beiseitestellen. Die ganzen Gewürze aus dem Sud entfernen. Den Pfirsich mit dem Schaumlöffel herausheben, in die vorbereiteten Gläser geben und vorsichtig mit dem Sud aufgießen, sodass sich keine Luftblasen bilden.

❊ Die Gläser verschließen und das Pfirsich-Portwein-Kompott im Wasserbad im Backofen 35 Minuten einkochen.

Mein Tipp:
Pfirsiche werden ohne Haut eingelegt, da die Haut im Kompott bitter werden würde. Sie können die Pfirsiche aber auch durch Nektarinen ersetzen.

Senfbirnen

Zutaten für 4 Gläser à 500 ml

- 2,2 kg feste Birnen
- 40 g geschälter Meerrettich
- 40 g geschälter Ingwer
- 500 ml Weißweinessig
- 1 Zimtstange
- 3 Wacholderbeeren
- 400 g Einmachzucker
- 40 g gemahlene Senfkörner
- 40 g Senfkörner

❊ Die Birnen waschen und trocken reiben. Die Birnen halbieren und die Kerngehäuse entfernen, 2 kg Fruchtfleisch abwiegen. Den Meerrettich und den Ingwer in feine Würfel schneiden.

❊ Den Weißweinessig in einem Topf mit 250 ml Wasser, der Zimtstange und den Wacholderbeeren aufkochen und den Einmachzucker unter Rühren bei kleiner Hitze darin auflösen.

❊ Die Birnen in den Sud legen und nicht zu weich kochen (Stäbchenprobe, siehe Tipp). Die Birnenhälften mit dem Schaumlöffel aus dem Sud heben und mit den Meerrettich- und den Ingwerwürfeln in die vorbereiteten Gläser schichten.

❊ Den gemahlenen Senf und die Senfkörner mit dem Schneebesen unter den Sud rühren und abkühlen lassen.

❊ Die Birnen vorsichtig mit dem erkalteten Sud aufgießen, sie müssen vollständig mit Flüssigkeit bedeckt sein. Die Gläser verschließen und die Senfbirnen an einem kühlen und dunklen Ort 2 bis 4 Wochen ziehen lassen.

Mein Tipp:
Die Birnen dürfen nicht zu weich gekocht werden. Am besten testen Sie ihre Beschaffenheit beim Garen, indem Sie sie mit einem Holzspießchen anstechen.

Essigzwetschgen

Zutaten für 5 Gläser à 500 ml

- 2,5 kg nicht zu weiche Zwetschgen
- 1 Zimtstange
- 4 Nelken
- 1 Lorbeerblatt
- 2–3 Estragonstiele
- 1,5 l Rotweinessig
- 1,5 kg Einmachzucker

❊ Am Vortag die Zwetschgen entstielen, waschen und gut abtropfen lassen. Die Zwetschgen mehrmals mit einer feinen Nadel (Näh- oder Stecknadel) einstechen und in eine große säurebeständige Schüssel geben.

❊ Die Gewürze in einen Einweg-Teefilter geben und mit Küchengarn zubinden. Den Estragon waschen und trocken schütteln. Den Essig in einem Topf zum Kochen bringen, das Gewürzsäckchen und den Estragon hinzufügen, den Zucker unter Rühren darin auflösen.

❊ Den heißen Sud über die Zwetschgen gießen und die Früchte zugedeckt an einem kühlen Ort über Nacht ziehen lassen. Am nächsten Tag den Sud erneut aufkochen, wieder über die Zwetschgen gießen und ziehen lassen. Am 3. Tag den Sud erneut aufkochen und das Gewürzsäckchen und den Estragon entfernen.

❊ Den Backofen auf 110 °C vorheizen. Eine ofenfeste Form etwa zur Hälfte mit Wasser füllen und beiseitestellen. Die Zwetschgen in die vorbereiteten Gläser schichten und mit dem heißen Essigsud übergießen. Die Gläser verschließen und die Essigzwetschgen im Wasserbad im Backofen 35 Minuten einkochen. An einem kühlen und dunklen Ort 8 bis 10 Tage ziehen lassen.

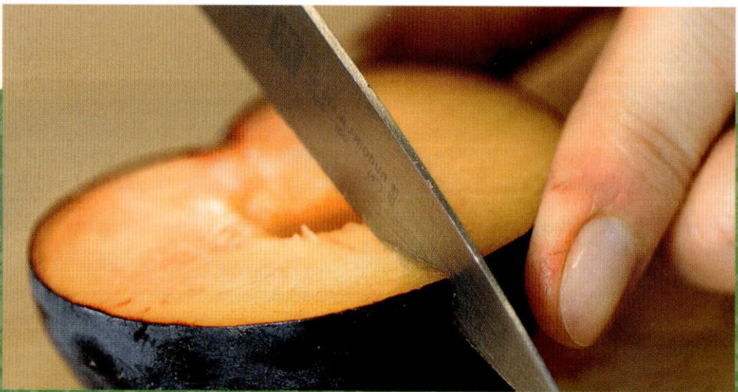

Mein Tipp:
Statt 1,5 l Essig können Sie auch 1,1 l Rotweinessig und 400 ml vollmundigen Rotwein verwenden. Dann den Estragon durch 1 Sternanis ersetzen.

Birnen in Rotwein

Zutaten für 2 Gläser à 500 ml

- **1/2 Bio-Zitrone**
- **800 g Birnen (Abate oder Williams)**
- **1 Päckchen Bourbon-Vanillezucker**
- **120 g Einmachzucker**
- **1 cl Birnenschnaps**
- **700 ml Rotwein**
- **1 Zimtstange**

❇ Die Zitronenhälfte heiß waschen und trocken reiben. Von der Schale 1 Streifen dünn abschälen und die Zitrone auspressen. Die Birnen vierteln, schälen und die Kerngehäuse entfernen, 600 g Fruchtfleisch abwiegen.

❇ Den Vanillezucker in einem Topf bei mittlerer Hitze schmelzen lassen. Die Birnenviertel dazugeben. Nach 1 bis 2 Minuten 2 EL Einmachzucker darüberstreuen und die Birnen etwa 5 Minuten leicht Farbe annehmen lassen, dabei einmal umdrehen.

❇ Die Birnen mit dem Birnenschnaps ablöschen, dann den Zitronensaft hinzufügen und mit dem Rotwein und 225 ml Wasser aufgießen. Die Zitronenschale, die Zimtstange und den restlichen Einmachzucker dazugeben und alles bei kleiner Hitze 30 Minuten kochen lassen.

❇ Die Birnen vorsichtig mit dem Schaumlöffel aus dem Sud heben und in die vorbereiteten Gläser füllen. Die Zimtstange und die Zitronenschale aus dem Sud entfernen, dann den Rotweinsud vorsichtig über die Birnen gießen, sie sollten vollständig mit Flüssigkeit bedeckt sein. Die Gläser gut verschließen und die Birnen in Rotwein 2 bis 3 Tage ziehen lassen.

Mein Tipp:
Für eingelegte Äpfel in Wein verwenden Sie statt Birnen Äpfel, ersetzen den Rotwein durch Weißwein und den Birnenschnaps durch einige Rosinen.

Rumtopf

Zutaten für einen Rumtopf mit 2 l Inhalt

1 große Bio-Orange
2 Zimtstangen
1 Sternanis
8 Nelken
1 l Stroh-Rum
1 kg brauner Zucker
280 g Kirschen
250 g Zwetschgen
250 g Nektarinen
120 g Rote Johannisbeeren
120 g rote Stachelbeeren

❊ Die Orange heiß waschen und trocken reiben. Etwa 7 g Schale fein abreiben und 35 g Orangenschale in breiten Streifen abschälen. Beides mit Zimt, Sternanis und Nelken in einen großen Topf geben. Den Rum dazugießen und langsam zum Kochen bringen und leicht köcheln lassen. Den braunen Zucker unter Rühren darin auflösen und den Sud abkühlen lassen.

❊ Die Orange mit einem scharfen Messer so großzügig schälen, dass die weiße Haut vollständig entfernt ist. Die Orangenfilets aus den Trennhäuten lösen und 150 g Fruchtfilets abwiegen.

❊ Die restlichen Früchte waschen und gut abtropfen lassen. Die Kirschen entstielen, halbieren, entsteinen und 250 g abwiegen. Die Zwetschgen und die Nektarinen vierteln, dabei entsteinen und je 200 g abwiegen. Johannisbeeren mit einer Gabel von den Rispen streifen, Stachelbeeren mehrmals mit einer feinen Nadel (Näh- oder Stecknadel) einstechen. Von den Beeren je 100 g abwiegen.

❊ Die Früchte in vorbereitete Gläser oder ein Rumtopfgefäß einschichten und mit dem Rumsud auffüllen. Die Früchte müssen vollständig mit Flüssigkeit bedeckt sein, falls nötig, noch etwas Rum nachgießen. Den Rumtopf zugedeckt 3 bis 4 Wochen ziehen lassen, dabei gelegentlich mit einem Löffel aus Metall umrühren.

Mein Tipp:
Der Rumtopf ist meine persönliche Lieblingsmischung. Klassischerweise setzt man den Rumtopf zur Erntezeit an und lässt ihn bis zum Winter ziehen.

Rumtopf aus hellen Früchten

Zutaten für einen Rumtopf mit 2 l Inhalt

- 1 Bio-Orange
- 1 Bio-Zitrone
- 1 Vanilleschote
- 1 l weißer Rum
- 300 g brauner Zucker
- 5 cl Grand Marnier (Orangenlikör)
- 1 gelbfleischiger Pfirsich
- 1 weißfleischiger Pfirsich
- 2 Aprikosen
- 3 gelbe Pflaumen
- 2 Nektarinen
- 50 g Weiße Johannisbeeren

❊ Die Orange und die Zitrone heiß waschen und trocken reiben. Die Orangen- und die Zitroneschale in einem Stück dünn abschneiden und in breite Streifen schneiden, Orange beiseitelegen. Die Vanilleschote längs aufschneiden und das Mark herauskratzen.

❊ Zitrusstreifen mit Vanillemark und -stange und Rum in einem großen Topf aufkochen. Den Zucker unter Rühren darin auflösen, den Grand Marnier hinzufügen und den Sud abkühlen lassen.

❊ Die Orange so großzügig schälen, dass die weiße Haut vollständig entfernt ist. Die Orangenfilets aus den Trennhäuten lösen und 140 g abwiegen. Die restlichen Früchte waschen und gut abtropfen lassen. Die Pfirsiche kreuzweise einritzen, kurz in kochendes Wasser tauchen und häuten. Die Pfirsiche, die Aprikosen, die Pflaumen und die Nektarinen vierteln und dabei entsteinen, die Johannisbeeren von den Rispen streifen.

❊ Die Früchte in vorbereitete Gläser oder ein Rumtopfgefäß einschichten und mit dem Rumsud auffüllen. Die Früchte müssen vollständig mit Flüssigkeit bedeckt sein, falls nötig, noch etwas Rum nachgießen. Den Rumtopf zugedeckt 2 bis 3 Wochen ziehen lassen, dabei gelegentlich mit einem Löffel aus Metall umrühren.

Mein Tipp:
Diesen Rumtopf können Sie auch mit Ananas, Stachelbeeren oder Birnen zubereiten. In kleinen Gläsern hübsch verpackt, ist er ein willkommenes Gastgeschenk.

Pfefferkirschen

Zutaten für 3–4 Gläser à 200 ml
1 kg Schattenmorellen
4 Nelken
1 Zimtstange
10 g eingelegter grüner Pfeffer
5 g rosa Pfefferbeeren
500 ml Rotweinessig
500 g Einmachzucker

❋ Die Kirschen waschen, halbieren und entsteinen. Mit den Gewürzen in die vorbereiteten Gläser füllen. Den Essig in einem Topf langsam zum Kochen bringen und den Zucker darin auflösen. Den Sud kurz aufkochen und noch heiß über die Kirschen gießen. Mit einem Streifen Mulltuch abdecken und 8 Tage kühl stellen.

❋ Den Sud durch ein Sieb gießen und Gewürze entfernen. Sud erneut aufkochen, etwa 5 Minuten sirupartig einkochen lassen, noch lauwarm über die Kirschen in den Gläsern gießen. Verschließen.

Zutaten für 3–4 Gläser à 200 ml
1 kg Schattenmorellen
2 1/2 EL Pfeffermischung »Melange Noir« (von Ingo Holland)
4 Nelken
je 1 Zimtstange und Lorbeerblatt
je 250 ml Rotwein- und Himbeeressig
500 g Einmachzucker

Pfefferkirschen mit dreierlei Pfeffer

❋ Die Kirschen, wie oben beschrieben, vorbereiten und mit den Gewürzen in vorbereitete Gläser füllen. Beide Essigsorten in einem Topf langsam zum Kochen bringen und den Zucker darin auflösen. Den Sud kurz aufkochen und noch heiß über die Kirschen gießen. Mit einem Streifen Mulltuch abdecken und 8 Tage kühl stellen.

❋ Den Sud durch ein Sieb gießen und Gewürze entfernen. Sud erneut aufkochen, etwa 5 Minuten sirupartig einkochen lassen, noch lauwarm über die Kirschen in den Gläsern gießen. Verschließen.

Mein Tipp:
Für dieses Rezept können Sie auch wunderbar tiefgekühlte Kirschen verwenden. Die Pfeffermischung von Ingo Holland gibt's im Internet.

Buntes Gemüse süßsauer eingelegt

❊ Die Kirschtomaten waschen und mehrmals mit einer feinen Nadel (Näh- oder Stecknadel) einstechen. Den Blumenkohl gut waschen, abtropfen lassen und in kleine Röschen teilen. Den Dill waschen und trocken schütteln.

❊ Den Sellerie waschen, abtropfen lassen und die Fäden abziehen. Die Stangen in Scheiben schneiden, das zarte Grün fein hacken. Schalotten und Knoblauch schälen. Die Schalotten vierteln, den Knoblauch in dünne Scheiben schneiden.

❊ Das Gemüse mit den Pfefferkörnern, dem Dill und dem Selleriegrün mischen und in die vorbereiteten Gläser schichten. Nach Belieben je Glas 1 kleine getrocknete Chilischote dazugeben.

❊ Den Backofen auf 110 °C vorheizen. Eine ofenfeste Form etwa zur Hälfte mit Wasser füllen und beiseitestellen. In einem Topf den Essig mit 375 ml Wasser aufkochen und das Salz und den Zucker unter Rühren darin auflösen. Den Sud über das Gemüse gießen und die Gläser verschließen.

❊ Das bunte Gemüse im Wasserbad im Backofen etwa 35 Minuten einkochen. Das eingelegte Gemüse an einem kühlen und dunklen Ort 2 bis 3 Wochen ziehen lassen.

Zutaten für 2–3 Gläser à 500 ml

500 g Kirschtomaten
200 g Blumenkohl
6 Dillstiele
3 Stangen Staudensellerie
250 g Schalotten
4 Knoblauchzehen
1 TL schwarze Pfefferkörner
375 ml Weißweinessig
1 geh. EL Salz
175 g Einmachzucker

Mein Tipp:
Das eingelegte Gemüse passt als Beilage gut zu Raclette, Fondue oder zu gegrilltem Fleisch wie Steaks oder Koteletts.

Süßsauer eingelegter Kürbis

Zutaten für 1 Glas à 500 ml

- 700 g Bio-Hokkaido-Kürbis
- 150 ml Weißweinessig
- 50 ml Apfelessig
- 200 g Einmachzucker
- 6 g geschälter Ingwer
- 6 g geschälter Meerrettich
- 6 Pimentkörner
- 2 Lorbeerblätter
- 6 Nelken

❊ Am Vortag den Kürbis gut waschen und trocken reiben. Den Kürbis entkernen, 600 g Fruchtfleisch (mit Schale) abwiegen, in etwa 2 cm große Würfel schneiden und in eine Schüssel geben.

❊ In einem Topf 250 ml Wasser mit Weißwein- und Apfelessig aufkochen und den Einmachzucker unter Rühren darin auflösen. Den Sud abkühlen lassen, über die Kürbiswürfel gießen. Zugedeckt kühl stellen und 24 Stunden ziehen lassen.

❊ Den Sud abgießen und erneut aufkochen. Ingwer und Meerrettich in feine Streifen schneiden. Beides mit den Pimentkörnern, den Lorbeerblättern, den Nelken und den Kürbiswürfeln in den kochenden Sud geben und 10 bis 12 Minuten darin ziehen lassen.

❊ Den Backofen auf 95 °C vorheizen. Eine ofenfeste Form etwa zur Hälfte mit Wasser füllen und beiseitestellen. Die Kürbiswürfel in das vorbereitete Glas geben, dabei die Gewürze entfernen. Mit dem Sud auffüllen und das Glas verschließen.

❊ Den süßsauren Kürbis im Ofen 35 Minuten einkochen. Das Kompott 8 bis 10 Tage an einem dunklen und kühlen Ort ziehen lassen.

Mein Tipp:
Auf die gleiche Art und Weise können Sie auch Mini-Patissons einlegen. Für ein 370-ml-Glas benötigen Sie etwa 250 g dieser Zwergkürbisse.

Süßsauer eingelegte grüne Tomaten

Zutaten für 8–9 Gläser à 500 ml

- **4 kg grüne Tomaten (spezielle Sorte, bitte Tipp beachten)**
- **500 g feste neue Zwiebeln**
- **2 Bund Estragon**
- **1 1/2 l milder Rotweinessig**
- **1 1/2 l trockener Rotwein**
- **2 EL Pfefferkörner**
- **1 EL Senfkörner**
- **100 g Salz**
- **800 g Einmachzucker**

❊ Die Tomaten waschen, entstielen und mehrmals mit einer feinen Nadel (Näh- oder Stecknadel) einstechen. So saugen sie sich später im Glas voll, sinken nach unten und sind vollkommen mit dem Einmachsud bedeckt. Die grünen Tomaten auf die vorbereiteten Gläser verteilen.

❊ Die Zwiebeln schälen und in dünne Scheiben schneiden. Den Estragon waschen, trocken schütteln und die Blätter abzupfen.

❊ Essig und Rotwein in einen Topf geben und langsam zum Kochen bringen. Die Zwiebeln, den Estragon, die Pfefferkörner und die Senfkörner sowie das Salz und den Einmachzucker dazugeben und kurz kochen lassen. Den Sud vollständig abkühlen lassen und über die Tomaten gießen, sie müssen ganz mit Sud bedeckt sein. Die Gläser verschließen.

❊ Am nächsten Tag den Sud in einen Topf abgießen, erneut aufkochen und abkühlen lassen. Über die Tomaten gießen, die Gläser verschließen und an einem kühlen Ort 4 Wochen ziehen lassen.

Mein Tipp:
Grüne Tomaten sind als eigene Sorte im Handel erhältlich. Vorsicht: Verwenden Sie keine unreifen roten Tomaten, das darin enthaltene Solanin ist giftig!

Perlzwiebeln in Essig

Zutaten für 1 Glas à 500 ml

Salz
800 g Perlzwiebeln
2 EL Öl
Salz · Pfeffer aus der Mühle
2 cl Marsala
75 g brauner Krümelkandiszucker
60 ml Aceto balsamico
70 ml Rotweinessig

❊ Am Vortag in einem Topf reichlich Salzwasser zum Kochen bringen. Die Perlzwiebeln schälen und 750 g abwiegen. In das kochende Wasser geben und 6 bis 8 Minuten köcheln lassen. Die Zwiebeln mit dem Schaumlöffel herausheben. Vom Zwiebelsud 150 ml abmessen und beiseitestellen.

❊ Das Öl in einer Pfanne bei mittlerer Hitze heiß werden lassen und die Zwiebeln darin von allen Seiten glasig andünsten. Dabei leicht mit Salz und Pfeffer würzen und zum Schluss mit dem Marsala ablöschen. Den Kandiszucker mit beiden Essigsorten verrühren, über die Zwiebeln gießen und aufkochen lassen. Dann den Zwiebelsud hinzufügen und alles 2 bis 3 Minuten köcheln lassen.

❊ Die Zwiebeln mit dem Schaumlöffel herausheben und in das vorbereitete Glas schichten. Mit dem Kochsud auffüllen, die Zwiebeln müssen vollständig bedeckt sein. Das Glas sofort verschließen und 24 Stunden ruhen lassen.

❊ Am nächsten Tag den Sud in einen Topf abgießen, erneut aufkochen und abkühlen lassen. Über die Zwiebeln gießen, sie sollten mit Flüssigkeit bedeckt sein, falls nötig, etwas Wasser hinzufügen. Das Glas wieder verschließen und die Perlzwiebeln vor dem Servieren 2 bis 3 Tage ziehen lassen.

Mein Tipp:
Die Perlzwiebeln können Sie auch durch kleine Schalotten ersetzen. Die eingelegten Zwiebeln eignen sich hervorragend als Beilage zu Fondues.

Tomatenketchup à la Marietta

Zutaten für 1 Flasche à 400 ml

- 1 kleine rote Paprikaschote
- 1 Möhre
- 1 Staudensellerie
- 1,6 kg geschälte Tomaten (aus der Dose)
- 100 g getrocknete Tomaten (in Öl)
- 3 Thymianzweige
- 10 große Basilikumblätter
- 340 g rote Zwiebeln
- 1 EL Öl
- 4 Knoblauchzehen
- 200 ml Rotweinessig
- 20 g brauner Zucker
- 2 Lorbeerblätter
- 1/2 TL Paprikapulver (edelsüß)
- 1 Msp. Cayennepfeffer
- 1 Msp. getrockneter Oregano

Paprika längs halbieren, entkernen, schälen und 110 g abwiegen. Möhre putzen, schälen, 100 g abwiegen und raspeln. Sellerie putzen, waschen und 150 g abwiegen. Alles würfeln. Die Dosentomaten grob hacken und samt dem Saft in eine Schüssel geben. Die getrockneten Tomaten abtropfen lassen, in kleine Stücke schneiden und dazugeben. Die Kräuter waschen und trocken tupfen.

Zwiebeln schälen und klein schneiden. In einem großen Topf im Öl unter Rühren glasig dünsten. Knoblauch schälen und durch die Presse dazudrücken. Tomatenmischung, Kräuter und Gemüse hinzufügen und kurz mitdünsten. Den Essig angießen und alles zum Kochen bringen. Unter Rühren bei mittlerer Hitze so lange kochen, bis ein Großteil der Flüssigkeit verkocht ist. Die Mischung durch ein feines Sieb streichen.

Den Zucker in einem Topf erwärmen (nicht schmelzen) und das Tomaten-Gemüse-Püree dazugießen. Die restlichen Gewürze dazugeben und alles bei mittlerer Hitze unter häufigem Rühren dick einkochen lassen. Den Backofen auf 85 °C vorheizen. Eine ofenfeste Form etwa zur Hälfte mit Wasser füllen und beiseitestellen. Die Lorbeerblätter entfernen und das Ketchup nach Belieben mit etwas Salz abschmecken. Ketchup in die vorbereitete Flasche füllen, verschließen und im Wasserbad im Ofen 30 Minuten einkochen.

Mein Tipp:
Meine Tochter Marietta isst das Ketchup am liebsten zu Fleischpflanzerl. Sie können es aber auch als Tomatensauce verwenden. Es hält sich etwa 6 Monate.

Sirup
& Säfte

Holunderblütensirup

✻ Die Holunderblütendolden abbrausen, trocken schütteln und grobe Stiele entfernen. In einem Topf 2 l Wasser erwärmen und den Zucker darin unter Rühren auflösen.

✻ Ein Einmachglas (5 l Inhalt) heiß ausspülen, Zitrusscheiben und Holunderblüten einschichten und mit Zitronensäure bestreuen. Die Zuckerlösung vorsichtig daraufgießen. Den Holundersirup zugedeckt an einem sonnigen Platz 5 bis 6 Tage ziehen lassen, dabei 2- bis 3-mal täglich mit einem Löffel aus Metall umrühren.

✻ Den Sirup in heiß ausgespülte Flaschen füllen, gut verschließen und kühl und dunkel aufbewahren.

Zutaten für 3–4 Flaschen à 750 ml

20–25 schöne Holunderblütendolden

2 kg Zucker

1 1/2 Bio-Zitronen (in Scheiben)

2 Bio-Orangen (in Scheiben)

2 EL Zitronensäurepulver (aus dem Reformhaus)

Orangen-Ingwer-Tee mit Schokolade

✻ Den Tee mit 200 ml Wasser aufbrühen, 3 Minuten ziehen lassen und durch ein Sieb abgießen.

✻ Den Orangensaft mit den Gewürzen aufkochen, vom Herd nehmen und 2 Minuten ziehen lassen. Die ganzen Gewürze entfernen, die Schokolade unterrühren und den Gewürzsaft mit dem Pfirsichtee mischen. Den Drink nach Belieben mit etwas Honig abschmecken und in Gläsern mit einer Zimtstange und einem Streifen Orangenschale garniert servieren.

Zutaten für 2–3 Gläser à 200 ml

1 EL Schwarzteemischung mit Pfirsich (aus dem Teeladen)

350 ml frisch gepresster Orangensaft (ca. 6 Orangen)

1 Zimtstange

2 Nelken

2 Msp. Ingwermus (aus dem Glas)

10 g gehackte Bitterschokolade

Mein Tipp:
Für einen erfrischenden Sommerdrink geben Sie etwas Holunderblütensirup in Sektgläser und gießen ihn mit gekühltem Prosecco oder Sekt auf.

Fruchtcocktail

Zutaten für 3–4 Gläser à 200 ml

- je 75 g Brom- und Heidelbeeren
- 1 Maracuja (Passionsfrucht)
- 100 g Pfirsichfruchtfleisch (gehäutet, ohne Stein)
- 90 g Ananasfruchtfleisch
- 45 g kleine kernlose Bio-Weintrauben
- je 100 ml Ananas- und Orangensaft
- 1–2 TL Limettensaft
- ½ TL Bourbon-Vanillezucker

❋ Die Beeren waschen und abtropfen lassen. Die Maracuja halbieren und das Fruchtfleisch durch ein feines Sieb streichen. Pfirsich und Ananas in kleine Stücke schneiden. Die Trauben waschen und gut abtropfen lassen.

❋ Das Obst, die Fruchtsäfte und den Vanillezucker in einen hohen Rührbecher geben und mit dem Stabmixer oder im Küchenmixer fein pürieren. Den Fruchtcocktail in hohe Gläser mit je 2 Eiswürfeln füllen und sofort servieren.

Gurken-Lassi

Zutaten für 2–3 Gläser à 200 ml

- 80 g Honigmelonenfruchtfleisch
- 100 g Salatgurkenfruchtfleisch
- 250 g Kefir
- 2 Minzeblätter

❋ Das Honigmelonen- und Gurkenfruchtfleisch in kleine Stücke schneiden und mit dem Kefir in einen hohen Rührbecher geben. Mit dem Stabmixer oder im Küchenmixer fein pürieren. Nach Belieben mit etwas Mineralwasser verdünnen und kühl stellen.

❋ Das Gurken-Lassi in Gläser füllen und mit der Minze garnieren. Nach Belieben mit 1 bis 2 EL Kokoscreme aromatisieren.

Mein Tipp:
Sie können Melone und Gurke auch durch Mangofruchtfleisch ersetzen. Lassis sind übrigens die idealen Durstlöscher zu indischem Essen.

Bananen-Stracciatella-Drink

❋ Das Bananenfruchtfleisch in Scheiben schneiden, mit der Milch in einen hohen Rührbecher geben und mit dem Stabmixer oder im Küchenmixer fein pürieren. Kühl stellen.

❋ Die Schokolade fein hacken und mit dem Joghurt unterrühren. Den Drink in Gläser füllen und mit der Minze garnieren. Nach Belieben die Zartbitterschokolade durch weiße Schokolade ersetzen.

Zutaten für 2–3 Gläser à 200 ml

140 g reifes Bananenfruchtfleisch

200 ml fettarme Milch

20 g Zartbitterschokolade

110 g Vanillejoghurt (10 % Fett)

2 Minzeblätter

Pretty in Pink

❋ Den Granatapfel und die Grapefruit halbieren. Den Granatapfel auf der Saftpresse auspressen, 50 ml Saft abmessen. Die Grapefruit auspressen und 200 ml Saft abmessen. Zuletzt die Pomelo auspressen und 125 ml Saft abmessen.

❋ Die Säfte mischen und kühl stellen. Den Granatapfelsirup untermischen, in Gläser füllen und servieren. Den Pretty in Pink können Sie nach Belieben mit etwas Champagner aufgießen.

Zutaten für 2 Gläser à 200 ml

1 Granatapfel

1 große rosa Grapefruit

½ Pomelo

1 cl Grenadine (Granatapfelsirup)

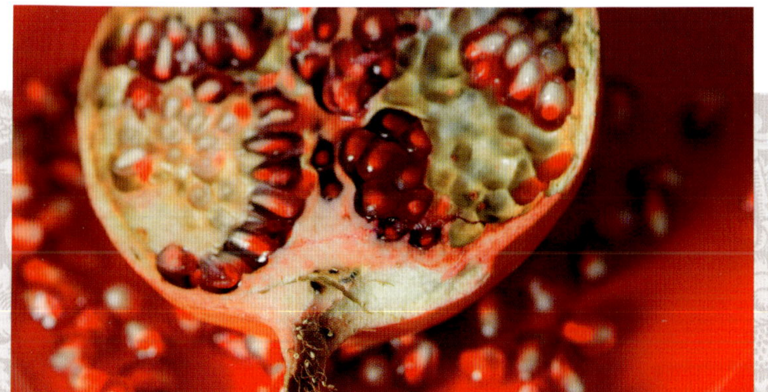

Mein Tipp:
Wenn Sie Pretty in Pink im Sommer genießen wollen, ersetzen Sie den Granatapfel einfach durch Himbeerpüree.

Danksagung

Ich danke allen, die mitgeholfen haben, dass dieses wunderbare Buch entstehen konnte.

Allen voran meinem kleinen Früchtchen Marietta, die mich dazu gebracht hat, mit vielen, vielen Früchten zu experimentieren. Hoffentlich entstehen in dieser fruchtbaren Zusammenarbeit noch viele Kreationen.

Mein Dank gilt auch Herrn Sandmann und seinen Mitarbeitern vom Zabert Sandmann Verlag für die gute Betreuung und das tolle Teamwork.

Weiterhin möchte ich danken: Helmut Henkensiefken für die wunderbaren Fotos und den Spaß, den wir bei den Aufnahmen hatten;
Monika Drexel-Henkensiefken für das Styling und den Fundus ihres Kleiderschrankes sowie Gabi Pachmayer für Make-up und Frisur.

Genauso dankbar bin ich meinem erlesenen Freundeskreis. Ihr seid die Besten, die es gibt. Ich hoffe, Ihr steht mir auch weiterhin nicht nur als kritische Testpersonen zur Seite.

Ein besonders inniges Dankeschön gilt meinen Eltern und meinem Bruder, die immer an mich geglaubt und mir die Kraft gegeben haben, meinen süßen Traum wahr werden zu lassen.

Und ganz herzlichen Dank an Anouschka Horn, Thomas Rüssel, Thomas Meier, Astrid Penn und Angela Mohr. Ohne eure unermüdliche Unterstützung wären so viele wunderbare Dinge nicht möglich gewesen.

Die Marmeladen, Chutneys & Co.

von »Véronique Witzigmann Buffet« erhalten Sie in ausgesuchten Feinkostläden. Die Adressen der Geschäfte und Informationen über das Sortiment finden Sie auf der Homepage unter **www.veronique-witzigmann-buffet.de.** Hier können Sie die Produkte natürlich auch bestellen:

Marmeladen

- **Grüner Apfel mit Limette**
- **Grapefruit mit Aperol**
- **Birne und Johannisbeere**
- **Orange mit Campari**
- **Brombeere**
- **Mandarine**
- **Erdbeere mit Tonka**
- **Heidelbeer mit Grand Marnier**
- **Kirsche und Himbeere**
- **Weihnachtskonfitüre**
- **Zwetschge mit Rum**

Chutneys

- **Rote-Bete-Chutney**
- **Apfel-Chutney**
- **Aprikosen-Chutney**
- **Feigen-Balsamico-Chutney**
- **Karotten-Chutney**
- **Kürbis-Chutney**
- **Zwetschgen-Chutney**

Pestos

- **Rucola-Walnuss-Pesto**
- **Bärlauch-Pesto**
- **Tomaten-Pesto**
- **Basilikum-Pesto**
- **Kräuter-der-Provence-Pesto**
- **Thymian-Limetten-Pesto**
- **Nuss-Trüffel-Pesto**
- **Pfeffer-Pesto**
- **Asia-Pesto**

Véronique Witzigmann Buffet
Domagkstraße 33 (Haus 26), 80807 München
Telefon: +49 (089) 33 09 41 92, Fax: +49 (089) 33 09 41 93, Mobil: +49 (0177) 6 79 72 10
E-Mail: genuss@witzigmann-buffet.de